아이디어가 사회에 미치는 영향

맨서 올슨 지음 이성규 옮김

도서출판 해남

아이디어가 사회에 미치는 영향

초판1쇄 인쇄 2021년 12월 27일
초판1쇄 발행 2021년 12월 31일

지은이 맨서 올슨
옮긴이 이성규
발행인 노현철
발행처 도서출판 해남

출판등록 1995. 5. 10 제 1-1885호
주 소 서울특별시 마포구 마포대로8길 9 영명빌딩 405호
전 화 739-4822 **팩스** 720-4823
이 메 일 haenamin30@naver.com
홈페이지 www.hpub.co.kr

ISBN 978-89-6238-161-0 03320

역자 서문

본서는 고(故) 맨서 올슨(Mancur Olson) 교수가 1989년에 쓴 『아이디어가 사회에 미치는 영향』(*How Ideas Affect Societies*)을 번역한 것이다.

새로운 '아이디어'는 사회와 그 사회의 경제정책과 경제성과에 중요한 영향을 미치는 것으로 인식된다. 그러나 공공재의 특성을 갖는 아이디어는 일반 시민들의 '합리적 무지'(rational ignorance)로 인해 시민들은 공공재에 대해 알아보려는 아무런 노력 없이 '이념'에 따라 행동한다. 그 결과, 아이디어가 가지고 있는 막대한 영향력에 비해 경제성과에 미치는 영향은 크지 않은 것으로 나타났다. 예를 들면, 영국은 18~20세기 초까지 역사상 위대한 경제사상가들을 가장 많이 보유함으로써 세계 경제사상에서 주도적 지위를 차지하였다. 그러나 영국은 19세기 말 이후 거의 모든 기간 동안 '느린 성장'을 보였다. 특히 제2차 세계대전 직후 25년 동안 서독, 일본, 이탈리아는 '급속한 성장'을 기록하였으나 영국은 '느린 성장'을 기록하였다. 국가들 간의 이러한 상이한 경제성장률은 각국에서의 '분배연합들'과 '특별이익집단들'을 명시적으로 살펴봄으로써 이해될 수 있다. 오랫동안 정해진 경계선이 변하지 않은 '안정된 사회들'에서 시간이 지남에 따라 더 많은 분배연합들이 축적됨으로써 그 사회의 경제적 효율성과 경제성장에 해로운 영향을 미쳐서 궁극적으로 '제도경화증'(institutional sclerosis)을 초래하기 때문이다.

더 나은 아이디어의 등장과 확산이 일반 시민들의 공공재에 대한 "합리적인 무지"로 인해 느려진다. 그 대신 일반 시민들은 자신의 정치적 행동이나 생활에서 단순한 이념들과 정치적 슬로건들에 큰 영향을 받는다. 따라서 정치적 이념이나 슬로건은 공무(公務)에 대한 상세한 연구와 지속적인 숙고를 '대신'하는 역할을 한다. 이러한 이유로 역사적으로 '이념' – 즉, 고전적 자유주의나 자유방임주의와 같은 우파 이념, 또는 복지 국가와 같은 좌파 이념 – 에 바탕을 둔 '정부의 규모'와 '경제성장률' 간에 명확한 상관관계가 없음을 보여 주고 있다.

본서는 올슨 교수의 여느 저작들과 마찬가지로 오늘날 우리들에게 많은 혜안과 예지를 줄 것으로 기대된다. 우리 속담에 '구슬이 서 말이라도 꿰어야 보배다'라는 말이 있다. 이를 본서에 적용하면 '아이디어(사상)가 아무리 좋아도 그 진정한 의미를 깨닫지 못한다면 무용지물이 된다'는 것을 의미한다. 본서는 아무리 좋은 아이디어라도 사람들이 '합리적으로 무지'(無知)하려 한다면 그 사회의 경제발전은 기대할 수 없다는 교훈을 주는 책이다. 마지막으로, 늘 개방적이고 깨어 있는 정신으로 본서를 기꺼이 출간해 주신 노현철 사장님께 심심한 감사의 말씀을 드린다.

2021년 12월 1일

「맨서 올슨 연구소」가 있는 송천 우거에서 이성규 씀

저자 추모

미국에서 사후에도 존경받는 불멸의 경제학 교수인 맨서 올슨 (Mancur Olson)을 기리기 위한 대중의 노력[1]

Illustration of Mancur Olson by Andrew Stark

[역주] 미국의 위대한 경제학자였던 고(故) 맨서 올슨(Mancur Olson, 1932~1998년) 교수를 추모하고 그의 업적을 기리기 위해 마침내 대중들이 나섰다. 올슨 교수는 1965년에 『집단행동의 논리』(*Logic of Collective Action*)와 1982년에 『국가의 흥망성쇠』(*The Rise and Decline of Nations*)를 출간한 이래 지난 50년 이상 동안 학계 및 언론계로부터 끊임없는 관심과 주목을 받아왔다. 그의 혜안과 예지는 오늘날에도 생생히 살아 있음을 여실히 보여 주고 있다. 그의 '집단행동의 논리'에 따르면 대규모 집단들의 경우 집단 내 회원들에게 특별한(선택적) 유인을

1) 출처: College of Behavioral and Social Sciences, Univ. of Maryland 홈피에서(https://bsos.umd.edu, 9 October 2021 현재).

제공하지 않는다면 집단행동이 일어나기 어렵다고 예언했다. 그러나 올슨 교수가 서거한 지 23년이 지난 오늘날 그의 고향 주에서 그의 업적과 유산을 기리기 위한 '자발적 활동(집단행동)'이 일어나고 있음을 아마 올슨 교수는 예상하지 못했을 것이다. 역설적으로 말한다면 올슨 교수는 대규모 집단들에서 사회 전체의 '포괄적(망라적) 이익'을 위해 집단행동이 일어나야 함을 바랐는지도 모른다. 소규모 집단들은 자신의 '특별이익'(special interests)을 추구함으로써 사회적 비효율성과 경제침체를 가져다주지만, 대규모 집단들의 '포괄적(망라적) 이익'(inclusive interests) 추구는 국가 번영에 기여하기 때문이다.

미국의 저명한 고(故) 맨서 올슨 교수는 20세기 후반 세계적으로 가장 영향력 있는 정치경제학자들 중의 한 명으로 널리 알려져 있다. 그는 1967년에 미국 메릴랜드대학교에 부임해서 1998년에 서거할 때까지 '대학 석좌교수'(Distinguished Univ. Professor)로 재직했다.

올슨 교수의 가장 유명한 저서인 『집단행동의 논리』와 『국가의 흥망성쇠』는 각각 세계 10개 언어로 번역되었다.

올슨 교수의 많은 제자들과 동료들, 가족 및 친구들은 메릴랜드대학교에서 '맨서 올슨 교수직'(Mancur Olson Professorship)을 설립함으로써 그의 위대한 업적과 유산을 기리게 됨을 매우 기뻐했다. 메릴랜드대학교의 피터 머렐(Peter Murrell) 교수가 초대 맨서 올슨 교수직을 맡았으며, 지금은 존 월리스(John Wallis) 교수가 그 직을 맡고 있다.

머렐 교수는 자신의 친구이자 동료였던 올슨 교수에 대해 다음과 같이 회고했다:

> "우리는 그와 함께 경제학에 대해 진지하게 이야기하고, 어떤 관찰이나 이론에 대해 논쟁하는 일이 항상 매우 즐거웠습니다. 그는 인생을 매우 충실히 산 분이었습니다. 그는 자신의 주변 사람들이 어디에서나 적용할 수 있으며, 심지어 인간생활의 가장 먼 구석에도 적용할 수 있는 이론을 탐구하거나 분석하는 '지적 즐거움'에 참여하는데 배려와 격려를 아끼지 않았습니다." 또한 "우리는 올슨 교수의 여러 이론들과 저서들을 영원히 간직할 것입니다. 올슨 교수는 우리의 '암울한 과학'(dismal science)인 경제학이 사회의 공동선(common good)에 이바지하는 아이디어들(ideas)을 이끌어낼 수 있다는 점에 '깊은 낙관론'(deep optimism)을 가지고 있었습니다. 그뿐만 아니라 올슨 교수는 그러한 아이디어들을 실제로 적용하는데 엄청난 열정과 에너지를 가지고 있었습니다. 이것이 바

로 우리가 지금 그를 그리워하는 이유입니다. 올슨 교수의 그런 모습을 다시 못 보는 것이 그저 애석할 뿐입니다."

올슨 교수가 자신의 분야에서 '영원한 존경'(lasting respect)을 받는 또 다른 증거가 있다. 그것은 미국 정치학회(APSA)가 올슨 교수의 업적을 기리기 위해 매년 '정치경제학 분야의 최고의 박사학위논문'에 대해 '올슨상'(Olson Award)을 수여하고 있다는 사실이다.

메릴랜드대학교 경제학과의 주디스 헬러스타인(Judith Hellerstein) 학과장은 다음과 같이 올슨 교수를 추모하고 있다:

"경제학 분야가 올슨 교수의 연구로 영원히 바뀌었습니다. 우리는 그가 메릴랜드대학교와 경제학과에서 연구하고 강의했다는 사실에 매우 감사하고 자랑스럽게 여기고 있습니다."

1932년에 태어난 올슨 교수의 고향은 노스다코타주 벅스턴(Buxton)이다. 그는 스칸디나비아 후손으로서 그의 조부모 4명은 모두 노르웨이에서 이민을 왔다. 올슨 교수는 노스다코타주립대학교(North Dakota State University)를 졸업한 후, 옥스퍼드대학교의 유니버시

티 칼리지(University College)에서 로즈 장학생[2](Rhodes Scholar)으로 공부했고, 1963년에 하버드대학교에서 경제학 박사학위를 받았다.

올슨 교수와 그의 어린 아들, 그의 부모님, 두 명의 조부모와 다른 가족들은 노스다코타주 벅스턴 북동쪽에 있는 그뤼루터(Grue Lutheran)교회 묘지에 묻혀 있다.

미국 전역에서 올슨 교수의 숭배자들은 지금 몇 가지 주목할 만한 상(賞)과 명예를 통해 그의 삶과 업적 및 유산을 인정하고 기리기 위한 '행동'을 벌이고 있다. 올슨 교수는 다음과 같은 뜻깊은 상과 명예의 후보로 지명되었다:

(1) 노스다코타주(North Dakota)가 수여하는 '시어도어 루스벨트 의용기병대원[3]상'(Theodore Roosevelt Rough Rider Award) 후보에

2) '로즈 장학생'이란 영국 옥스퍼드대학교에서 공부하는 미국·독일·영연방 공화국 출신 학생들에게 주어지는 로즈 장학금(Rhodes scholarship)을 받는 학생을 말하며. 이 장학금은 1902년 세실 로즈(Cecil Rhodes)에 의해 시작되었다.

지명되었다.

(2) '스칸디나비아계 미국인 명예의 전당(Hall of Fame)' 후보에 지명되었다.

(3) 올슨 교수의 묘지가 '노스다코타주 역사 유적지(Historical Marker)'[4] 후보에 지명되었다.

이러한 활동을 주도적으로 펼치고 있는 역사 애호가인 샐리 호프만(Sally Hoffman)은 "노스다코타주에는 여전히 올슨 교수의 가족이 살고 있으며, 그의 업적과 유산에 대해 잘 알지 못하는 노스다코타주의 많은 사람들이 올슨 교수가 남긴 위대한 유산을 알게 된다면, 아마 그들은 그가 우리 주에서 태어나고 공부한 사실을 매우 자랑스럽게 생각할 것이라 믿어 의심치 않는다"라고 말했다. 또한 호프만은 "나는 그동안 올슨 교수의 부인과 연락을 해왔으며, 그녀는 우리의 활동을 진심으로 감사하게 생각하고 있습니다. 그녀는 자신의 남편이 사후에 고향에서 이처럼 기리고 있는 모습을 보며 매우 기뻐할 것입니다"라고 덧붙였다.

---

3) 'Rough Rider'란 1898년에 있었던 미국과 스페인 전쟁 당시에 시어도어 루스벨트(미국의 제26대 대통령, 1858~1919년)가 조직한 '의용기병대원'을 말한다.

4) 미국의 '역사 유적지'(Historical Marker)는 미국 내 '역사적 의미가 깊은 곳'을 유적지로 인증해 주는 제도로 우리나라의 경우 '문화재 지정'과 같은 것이다. 역사 유적지로 선정되면 문화적·역사적 가치가 한층 더 높아진다.

차례

아이디어가 사회에 미치는 영향

1. 서론

과연 '아이디어'(ideas)는 사회에 얼마나 중요한 영향을 미치는가? 특히, 아이디어는 '조직화된 이익'(organized interests, 조직이익)과 비교해 볼 때 사회에 얼마나 중요한 영향을 미치는가? 일찍이 존 메이너드 케인스(John Maynard Keynes)는 자신의 『일반 이론』의 말미에서 '기득권 세력(vested interests, 기득이익집단)이 주로 사회에서 무슨 일이 일어나는지를 결정한다'는 근거 없는 주장에도 불구하고, "세상은 아이디어와 그 밖의 것에 의해 지배된다"고 힘주어 주장했다. 그러나 내가 아는 한 케인스의 결론은 제대로 검증된 적이 없었다. 또한 '아이디어가 사회에 영향을 미치는 경로(徑路)들'도 만족스럽게 설명된 적이 없었다. 케인스의 아이디어에 대한 주장을 체계적으로 검증하는 작업은 너무 방대해서, (1) 한 권의 책에 모두 담을 수 없을 뿐만 아니라, (2) 아이디어가 사회적 결과에 영향을 미칠 수 있는 모든 경로를 자세히 서술하거나 설명하는 것도 이 책의 범위를 벗어난다. 그 대신 이 책의 목적은, (1) '아이디어의 역할'에 대한 적절한 연구를 설계하기 전에 먼저 이해해야 할 몇 가지 문제들과 역설들을 논리적으로 설명하고, (2) '아이디어가 공공정책들에 영향을 미치는 경로들'에 대해 몇 가지 '뜻밖의' 제안을 하는 데 있다. 이 책은 '경제학과 공공정책에 대한 아이디어가 사회에 어떤 영향을 미치는지를 설명하는데 자주 인식되는 것보다 더 커다란 역할을 한다'는 나의 '직감'(直感)에서 비롯되었다.

내가 이전에 쓴 논문들이나 책들에 대해 희미하게나마 알고 있는 독자들은 아마 내가 이러한 직감을 가지고 있다는 사실에 깜짝 놀랄 것이다. 나는 그동안 '조직(집단)이익'과 그것이 영국을 비롯한 많은 사회(국가)에 끼친 '중요한 영향'에 대해 많은 논문과 책을 썼지만, '아이디어가 사회에 미친 영향' 에 대해서 체계적으로 논문이나 책을 쓴 적이 없다. 그럼에도 불구하고 이 책에서 내가 강조한 '아이디어의 역할'과 '아이디어가 공공정책이나 사회적 결과에 영향을 미치는 경로들'에 대한 나의 제안들은 사실상 '집단행동의 논리'와 기득이익에 대한 나의 이전 저술들에서 바로 나온 것이다. 집단행동의 논리와 그 특성은 다음 두 가지를 설명하는데 유용하다. 첫째, 집단행동의 논리는 '사회적으로 유익한 아이디어'(이는 공공재 또는 집단재에 해당함)가 사회에서 큰 역할을 하는 과정에서 극복해야만 하는 몇 가지 문제들과 그 아이디어의 실행을 반대하거나 막는 몇몇 강력한 세력들을 설명해 줄 수 있다.

둘째, 집단행동의 논리는 아이디어가 사회에서 커다란 역할을 할 수 있는 '특별한 상황'이 존재하는 이유와 널리 받아들여진 아이디어가 때때로 사회에서 가장 강력한 조직(집단)이익 추구 집단을 이길 수 있는 이유를 설명해 줄 수 있다. 더욱이 '조직이익이나 담합이익을 추구하기 위한 집단행동이 경제성과에 미치는 영향'에 대한 나의 이전 연구들에서처럼 '아이디어의 영향'에 대한 설명에서도 나는 다음 두 가지 이유로 특히 영국에 초점을 맞출 것이다. 첫째, 영국 사회가 조직이익과 담합이익의 역할과 관련하여 '대표적인' 사회이기 때문이다. 둘째, 영국 사회가 특히 경제사상의 역사적 측면에서도 '교훈적'이기 때문이다.[1)]

2. 경제사상에 대한 영국의 기여와 아이디어가 영국 경제에 미친 영향

경제사상(經濟思想, economic thought)을 연구하는 역사가들은 "역

1) **[원문 각주 1]** 안타깝게도 내가 이 책에서 제시하는 주장이나 설명이 가지고 있는 하나의 주요 문제는 내가 쓴 다음 두 책을 읽은 몇몇 독자들에게만 의미가 있을 것이라는 점이다: Olson, Mancur, *The Logic of Collective Action*, Cambridge, Mass.: Harvard University Press, 1971, and *The Rise and Decline of Nations*, New Haven, Conn.: Yale University Press, 1982. 따라서 나는 이 두 책의 특정 부분에서 언급한 내용을 여기에서 간략하고 불완전하며 엄밀하지 않은 방식으로 다시 환기할 것이다. 나는 이러한 환기를 통해 독자들이 이 책에서의 주장을 반쯤이나마 이해할 수 있기를 바란다. 또한 이상적으로는 이 책을 읽은 몇몇 독자들이 그 책들을 한 번 읽어보도록 설득하고자 하기 위함이다.

사상 가장 위대한 경제사상가들의 매우 큰 비중을 차지하는 국가가 바로 영국이다"라는 사실에 대해 꽤 광범위한 합의가 이루어져 있다. 우리는 경제사상의 역사에서 가장 잘 알려진 사람들의 이름만 열거해도 그러한 사실을 분명히 알 수 있다. 대표적으로 애덤 스미스(Adam Smith, 1723~1790년), 토머스 맬서스(Thomas Robert Malthus, 1766~1834년), 데이비드 리카도(David Ricardo, 1772~1823년), 존 스튜어트 밀(John Stuart Mill, 1806~1873년), 윌리엄 스탠리 제번스(William Stanley Jevons, 1835~1882년), 알프레드 마셜(Alfred Marshall, 1842~1924년), 그리고 존 메이너드 케인스(John Maynard Keynes, 1883~1946년) 등을 들 수 있다.

그러나 아마 오스트리아와 스웨덴과 같은 작은 국가들이 인구 1인당 기준으로 볼 때 영국보다 경제사상의 역사에서 위대한 거인들을 배출하는 데 더 뛰어났다. 더욱이 알프레드 마셜과 케인스 시대(역주) 대략 1872~1946년)에 영국 경제학자들이 경제사상에서 차지한 '주도적 지위'의 정도는 크게 과장되었으며, 또한 그들은 크누트 빅셀(Knut Wicksell, 스웨덴의 경제학자, 1851~1926년)과 같은 외국의 위대한 경제학자들에게 마땅히 기울여야 할 관심보다 훨씬 더 적은 관심을 기울였던 게 분명한 사실이다. 그러나 비록 경제사상에서 영국의 주도적 지위가 과장되었다고 해도 영국이 다른 어떤 국가보다 경제사상의 위대한 거인들을 더 많이 보유하고 있다는 점은 부인할 수 없는 사실이다.

아쉽게도 나는 과거에 여론[2](public opinion)이나 심지어 엘리트 의견(elite opinion)에 대해 체계적으로 수행된 '국가 간 설문조사'(survey)가 없다는 사실을 알고 있다. 그러한 설문조사가 있다면 그것은 독창적인 경제사상에서 영국의 이러한 '역사적 우위'가 영국 대중이나 경제학계 밖에 있는 영국 엘리트들의 '경제학에 대한 더 나은 이해'(better understanding)를 대변하는지를 정량적으로 입증해 줄 것이다. 나는 지금까지 이러한 설문조사를 본 적이 없다. 그러나 영국의 일반 엘리트들의 의견과 폭넓은 여론은 대부분의 다른 국가들보다 거의 확실히 '경제학의 지적 발전'에 더 많은 영향을 받았다고 할 수 있다. 반면에 유럽 대륙 국가들에서는 언어의 차이로 인해 '새로운 경제사상'의 수용(受容)이 늦어졌다. 이와는 대조적으로 영국의 주요 경제학자들의 저술들은 영국에서 광범위하고 꽤 빠르게 전파되었다. 예를 들면, 애덤 스미스와 알프레드 마셜과 같은 몇몇 독창적인 경제사상가들은 비교적 폭넓은 청중들에게 자신의 '이론적 진보'를 설명하는 비범한 능력을 가지고 있었고, 케인스와 같은 다른 경제사상가들은 그들의 '결론이나 정책적 처방'이 대중에게 주

2) **[역주]** '여론'(輿論)이란 사회 대중의 공통된 의견이나 세상 사람들의 의견을 말한다.

의를 끌도록 하는 데 특별한 재능이 있었다.

다음으로, '애덤 스미스 이후 150년 동안의 경제사상'과 '고전적 자유주의 이념'의 광범위한 융합(融合)을 고려해 보자. 경제학적 지적 발견들과 대중적 이념(또는 정치적 운동들)과의 혼합은 다소 성가신 일이지만, 이는 애덤 스미스에서 알프레드 마셜에 이르기까지 경제사상이 '여론'에 미친 영향을 판단하는 데 도움이 된다. 영국에서 데이비드 리카도와 존 스튜어트 밀을 비롯한 대부분의 위대한 초기 경제학자들은 '고전적 자유주의자들'(Classical liberals)이었다. 그들이 내린 결론들과 편견들 중 일부(비록 그들 자신의 기술적 발견은 아니지만)는 리처드 코브던(Richard Cobden, [역주] 영국의 경제학자 및 정치가(1804~1865년), 자유무역의 주창자 또는 자유무역의 사도라 불림)과 존 브라이트(John Bright, [역주] 영국의 정치가(1811~1889년), 자유무역을 주창하여 코브던과 함께 반곡물법 동맹을 주도함)와 같은 사람들에 의해 '대중화'(大衆化)되었다. 거의 모든 전문가는, (1) 고전적 자유주의(Classical liberalism)가 대부분의 다른 국가들에서보다 19세기 영국에서 더 인기가 있었고, 특히 (2) 유럽 대륙의 대부분의 국가들에서보다 영국에서 확실히 더 인기가 있었다는 점을 인정하고 있다.

또한 경제학자들의 '자유로운 국제무역'의 이점에 대한 강조는 19세기 대부분 동안과 적어도 1930년대까지 유럽이나 북미에서보다 영국에서 더 인기가 있었고, 그로 인해 더 많은 청중을 가지고 있었던 것으로 보인다. 그러나 우리는 단순히 '공공정책의 선택들'(즉, 자유무역정책)로부터 직접 여론을 추론할 수는 없다(나는 이에 대해 이미 다른 논문들과 책에서 자세히 설명했으며, 또한 이 책의 뒷부분에서도 간략히 설명할 것이다). 따라서 여론에 바탕을 둔 직접적인 증거 없이 우리는 '영국에는 자유무역이 있었고 다른 국가들에서는 자유무역이 없었다'는 단순한 이유로, 다른 국가들에서보다 영국에서 '자유무역의 이점'을 더 널리 인정했다고 단정할 수 없다. 그러나 '보호정책의 단점들이 대부분의 다른 국가들에서보다 19세기 영국에서 더 잘 이해되었다'는 꽤 많은 독립적인 증거들이 있다. 그 당시 '자유무역에 대한 믿음'은 순전히 '영국적' 개념으로 간주되었다. 나는 제1차 세계대전 이전에 출판된 어떤 영국 논문을 읽은 적이 있다. 거기서 논문의 저자는 "자신이 최근에 미국을 여행했으며 그곳에서 많은 미국 사람들과 무역정책에 관해 이야기했었다"고 언급하면서 "자신이 보호주의 주장에 익숙하다"고 썼다. 그런 식으로 그 저자는 영국의 청중이 "보호주의적 신념이 영국에서보다 미국에서 비교할 수 없을 정도로 더 흔하다"는 자신의 믿음을 공유한다는 사실을 당연하게 여겼다.

이제까지, 우리는 역사적으로 영국이 경제사상(經濟思想)에서

‘커다란 역할’을 했음을 설명했다. 그러면 그러한 큰 역할이 영국의 경제정책과 경제성과에 어떤 영향을 미쳤는가? 영국에서 출현한 독창적인 경제사상이 영국의 경제정책과 경제성과를 ‘개선 또는 향상시키는 데’ 기여했는가? 나는 이 질문에 완전히 답하지 못할 것이다. 그러나 나는 나중에 영국의 경제사상과 경제이해의 진보나 주도적 지위로 영국의 경제정책과 경제성과가 ‘*개선 또는 향상*’ 되었다고 제안할 것이다.

그럼에도 불구하고 아이디어가 어떤 국가의 경제성과에 압도적인 영향을 미친다면 영국은 지구상에서 가장 부유하거나 최소한 가장 부유한 국가들 중의 하나가 되어야만 할 것이다. 모두가 알고 있듯이 영국은 현재 가장 부유한 국가가 아니다. 실제로 영국은 19세기 말 이후 거의 모든 기간 동안 ‘느린 성장’이라는 ‘영국병’[3)]

3) **[역주]** 1960년대 초에 서독의 저널리즘이 영국 노동자의 비능률성을 가리켜 사용한 데서 비롯되었다. 오랜 대영제국(大英帝國)의 번영을 뒷받침해 온 중산계급의 쇠퇴가 그 요인이다. 예로부터 영국인은 적극·과감·냉철·끈기·자기희생·이기주의를 미덕으로 삼아왔으나, 제2차 세계대전 후 고복지(高福祉)·고부담 정책과 평등주의가 일반화함에 따라 부나 특권에 대한 의식이 희박해진 데에도 원인이 있다.
1970년대 영국은 과도한 사회복지와 노조의 막강한 영향력으로 인한 지속적인 임금 상승, 그리고 생산성의 저하로 경제가 전반적으로 침체하여 소위 고복지·고비용·저효율을 특징으로 하는 만성적인 영국병에 시달렸으며 급기야는 1976년에 IMF의 금융지원을 받는 상황에 몰리게 되었다. ‘철의 여인’으로 불린 대처 총리는 1979년 집권하자마자 저비용·고효율로의 경제구조의 전환을 통하여 영국병을 치유하기 위해 시장경제 원리를 중시하는 경제 전 부문에 걸친 경제개혁에 착수하였다. 대처리즘의 골자는 재정지출 삭감, 공기업 민영화, 규제 완화와 경쟁 촉진 등으로, 이는 공공부문 개혁으로 집대성되었다. 대처 총리는 1979년부터 세 번의 연임에 성공하면서 1990년까지 집권하는 동안 5개 노동법을 개정해 노동시장을 개혁하였다. 1984년 3월부터 1년 동안 파업으로 버틴 탄광노조를 실업률이 11%까지 높아지는 상황에서도 원칙에 입각해 처리하였다. 1980~1987년에는 공무원 수를 75만 명에서 64만 명으로 11만 명이나 줄였고 1979~1989년에 국영기업 50여 개를 민영화하였다. 1986년에는 ‘빅뱅’으로 불리는 금융개혁을 단행하였다.

(British disease, [역주] 영국인들의 무기력·느린 동작·방임적인 태도 등을 일컫는 말)을 앓아 왔다.[4] 이러한 영국병을 어떻게 설명할 것인가? 영국이 경제사상과 경제이해의 진보에 아주 커다란 큰 역할을 해왔다는 관찰로는 도저히 영국병을 설명할 수가 없다.

이 점은 제2차 세계대전 후 첫 25년 동안 영국과 서독의 경제이해(理解)와 경제성과(成果)를 비교해 봄으로써 분명히 알 수 있을 것이다. 우선, 경제이해의 일반적인 수준이 독일에서보다 영국에서 더 높았다는 사실은 의심의 여지가 없다. 독일의 대학들과 지식인들의 삶 – 특히, 경제학과 사회과학 분야에서 – 은 히틀러의 자유로운 토론에 대한 억압과 일류 지식인들의 해외 이주로 거의 황폐화되었다. 히틀러 이전에도 독일의 경제학에 대한 기여는 상대적으로 미미했는데, 그것은 아마 지금은 없어진 '독일 역사학파'[5](historical

4) **[원문 각주 2]** 다소 고지식한 독자들은 역사상 '경제사상의 거인들'의 사상을 더 잘 이해하는 것이 경제성과에 오히려 해롭다고 생각할지도 모르며, 그 결과 아마 그 거인들의 사상이 대체로 '틀렸다'고 결론을 내릴 수도 있을 것이다. 그들의 이러한 '고지식한 생각'이 잘못되었음을 분석하려면 본론에서 벗어나 별도의 긴 여담(餘談)이 필요할 것으로 생각된다. 그러한 여담은 현재의 논의에서보다 보충학습에 더 적절할 것이다. 따라서 나는 여기에서 그러한 여담을 다루지 않을 것이다. 다만 나는 '경제이해의 수준'과 '경제성과의 수준'에 대해 국가 간에 비교해 보면 그 결과는 결코 그러한 고지식한 생각을 지지하지 않을 것임을 미리 말해 두고자 한다.

5) **[역주]** 1840년대에서 20세기 초에 걸쳐 주로 독일을 중심으로 하여 일어난 경제학의 한 학파이다. 리스트(F. List)를 선구자로 하여 로셔(Roscher), 크니스(Knies), 힐데브란트(B. Hildebrand)(이들을 구역사학파라고 부른다), 이어서 슈몰러(Schmoller), 브렌타노(Brentano), 바그너(A. Wagner)(이들을 신역사학파라고 부른다) 등이 그 대표자이다. 그들은 영국 고전학파의 연역적 방법에 의하여 얻어진 보편 타당적이고 추상적인 경제법칙의 존재를 부정하고, 경제현상은 시대나 나라의 차이에 따라 달라지는 상대적, 개별적인 것이고 역사적 연구나 통계적 조사를 주로 해야 한다고 주장하였다. 또 그들은 경제정책에 있어서도 고전학파의 자유무역주의를 배척하고 '보호무역주의'를 강조하였다. 신역사학파에 있어서는 사회윤

school of economics, 독일 역사경제학파)의 영향 때문일 것이다. 그러나 독일연방공화국(서독의 공식 명칭)의 경제는 제2차 세계대전 이후 영국의 경제보다 비교할 수 없을 정도로 '더 나은' 성과를 보여 주었다.

따라서 우리는 어떤 국가의 경제성과를 설명하기 위해 경제이해 수준 '이외의 것'이 필요하다. 그러므로 나는 내가 몇 년 전에 쓴 『국가의 흥망성쇠(興亡盛衰)』(*The Rise and Decline of Nations*, 1982)의 일부에 포함된 '영국병'에 대한 논의를 환기하거나 촉진하고자 한다. 또한 이러한 논의는 우리가 '아이디어의 역할'을 이해하기 위한 하나의 틀(framework)을 개발하는 데 유용할 것이다. 물론 영국병이 대처(Margaret Thatcher, [역주] 영국의 정치가(1925~2013년) 및 수상(1979~1990년)으로 '철의 여인'(Iron Lady)이라고 불림) 정부 하에서 누그러졌는지의 여부에 대해서는 약간의 논란이 있을 수 있지만, 이 책에서의 논의는 그 논란이 어떤 방식으로 해결되느냐는 전혀 고려하지 않을 것이다. 따라서 이 책의 독자들은 다음 장에서 설명할 영국병에 대한 논의가, (1) 대처 정부 이전의 영국에만 관련되거나, 또는 (2) 현재의 영국과

리적 입장에서의 노자협조론이나 사회정책론을 제창하기도 하였다. '국민경제학'이라고 하는 것은 원래 그들이 자기들의 경제학에 명명한 이름이었다.

신역사학파는 또 '사회정책학파' 혹은 '강단사회주의자'라고도 불린다. 역사학파의 발생에는 그 역사적 근거가 충분히 있었다. 그것은 영국 자본주의가 그 선진적 지위를 이용하여 후진 자본주의 국가인 독일에 침입해 오는 것에 대항하고 독일이 자국의 유치산업을 보호하기 위하여 주장한 이론이었다. 그 밖에 국내의 유통기구(교통망과 관세제도)의 정비에 힘쓸 것도 강조하였다.

관련이 있다고 독자 자신이 원하는 대로 생각할 수 있다.

3. 영국병

영국인은 물론 외국의 많은 논평가들은 제2차 세계대전 이후 '영국 경제의 느린 성장'이, (1) 영국인들의 고유한 특성 때문이거나, (2) 일부(또는 특정) 사회계급 때문이라고 주장한다. 좀 더 구체적으로 그들은, (1) 영국인들이 태생적으로 느긋한 경향이 있기 때문에, 또는 (2) 영국의 노동계급이 천성적으로 제멋대로이기 때문에, 또는 (3) 근본적으로 계급의식이 강한 중산층과 상류층이 사업 경력에 대해 편견을 가지고 있을 뿐만 아니라 기업가 정신이나 기업가적 추진력이 부족하기 때문에 제2차 세계대전 이후 영국이 '느리게 성장'해 왔다고 주장한다.

이러한 주장들은 그것이 사실이라 할지라도 영국병에 대한 적절한 설명을 제공해 줄 수 없다. 그 이유는 논평가들이 주장한 영국의 특성들이 나타난 이유를 설명하지 못하기 때문이다. 또한 논평가들은 거의 100년 동안 영국이 세계에서 가장 빠르게 성장한 국가였다는 사실을 간과하고 있다. 많은 사람이 주지하듯이 영국의 그러한 성장의 근원은 바로 '산업혁명'으로 영국의 모든 근대적이고 급속한 경제성장을 이룩한 원동력이 되었다. 18세기 말과 19세기 초에, (1) 영국 노동자들이 다른 국가들의 노동자들보다 덜 정력적이거나 덜 협력적이었다면, (2) 영국의 계급제도가 떠오르는 젊은 인재들에게 덜 개방적이었다면, (3) 영국인의 태도가 사업 종사에 더 적대적이었다면, 그리고 (4) 영국의 기업가들이 더 전통에 얽매였다면, 근대적이고 급속한 경제성장은 아마 영국에서 일어나지 않았을 것이다. 다시 말하면, 18세기 말과 19세기 초에 영국의 사정은 이와 정반대였으며, 그로 인해 영국은 급속한 경제성장을 이룩할 수 있었다.

그러면 제2차 세계대전 이후 영국의 '느린 성장'에 다른 원인이 있는가? 그러므로 우리가 *'다른 원인'*을 찾지 못하면 제2차 세계대전 이후 영국 경제의 비교적 느린 성장을 *아마* 정확히 설명할 수 없다는 결론에 도출하게 된다. 즉, (1) 18세기나 19세기 초 이후 영국 사회에서 일어난 어떤 변화(비록 그것이 '점진적'이라고 하더라도)에서 그 원인을 찾지 못하거나, (2) (추측하건대) *다른* 선진국들에서는 발생했지만 영국에서는 발생하지 않은 '성장에 도움이 되는' 어떤 변화에서 그 원인을 찾지 못한다면, 영국 경제의 전후(戰後) 느린 성장을 *아마* 정확히 설명할 수 없을 것이다. 영국 사회에서 일어난 그러한 변화는 무엇인가?

이제, 우리는 20세기에 영국이 다른 국가들에 비해 상대적으로 '느린 성장'을 기록한 이유에 대해 제대로 설명하려면 논리적으로 '영국에서 산업혁명 이후에 어떤 변화나 점진적 발전이 일어났는지'에서 그 원인을 찾아야 한다는 사실을 깨닫게 된다. 그러면 다음 단계로 당연히 "18세기 영국에서 영국인의 성격과 사회 구조에 있어서 어떤 특징들이 가장 자주 관찰되었는가?"에 대해 질문해 보아야 한다. 흥미롭게도 우리는 '영국과 영국인들에 대한 고정 관념'이 근래에 논평가들이 주장하였던 특징들과 *정반대*였음을 찾을 수 있다. 이는 위에서 논평가들이 주장한 영국과 영국인들에 대한 특성들이 잘못되었음을 의미한다. 유럽 대륙과 비교해 볼 때 18세기 영국은 다음과 같은 특징들을 가지고 있었다. 즉, 18세기에 영국은 유럽 대륙에 비해, (1) 상업과 공업 종사에 더 큰 관심을 가지고 있었고, (2) 전통에 덜 집착하였고, (3) 더 대담한 혁신가들이 있었고, (4) 사회적 이동성이 컸었다. 18세기에 영국의 이러한 특징은 경제사(經濟史) 교과서들에서 흔히 찾을 수 있는 일이다. 또한 유럽 대륙의 비평가들은 18세기에 영국이 유럽 대륙에 비해 귀족 전통과 봉건 질서에 대한 존중이 상대적으로 약했다는 점을 발견하였다. 나폴레옹만이 영국을 '상인들의 나라'(a nation of shopkeepers, '상인 근성의 국민'으로 영국인의 멸칭임)라고 언급한 것은 아니었다.

또한 곰곰이 생각해 보면 영국의 경제성장을 이해하기 위해 '다른 국가들의 경제성장률'도 살펴보아야 하는 이유는 더욱 분명하다. 예를 들면, 어느 한 의학 연구자는 "암에 걸린 어떤 환자가 비정상적인 양의 양배추를 먹었기 때문에 양배추가 암을 유발했다"고 결론 내리지 않을 것이다. 그는 아마 양배추 섭취로 인해 암 발병률이 증가했는지를 확인하기 위해 '다른 많은 사람(환자)들'의 경우를 조사해 보기를 원할 것이다. 마찬가지로, 우리는 '성장을 지연(遲延)시킨다고 주장되는 어떤 요인이 느리게 성장하는 국가들에서는 존재하고, 빠르게 성장하는 국가들에서는 존재하지 않는지'를 알아보기 위해 적어도 '여러 국가들이나 지역들'을 살펴보아야만 한다. 그렇지 않고서는 "'영국병'의 원인"을 정확히 진단하거나 결정할 수 없다. 이는 존슨(Johnson) 박사가 말했듯이 "영국만(즉, 영국 한 나라만) 아는 사람은 영국을 모른다!"는 것과 같은 이치이다.

특히, 제2차 세계대전 이후 선진 민주주의 국가들 중 가장 빠르게 성장한 국가들의 사례를 살펴보아야만 한다. 즉, 우리는 제2차 세계대전 이후 처음 25년 동안(즉, 1946~1970년)의 서독, 일본, 이탈리아의 경우를 살펴보아야 한다. 왜 그런가? 이 기간 동안 '급속히 성장한' 서독, 일본, 이탈리아는 동(同) 기간 동안 상대적으로 '느리게 성장한' 영국 및 다른 국가들과 가장 극명한 대조를 보이기 때문이다. 또한 우리는 프랑스의 사례도 살펴보아야 한다. 왜냐하면 (1) 제2차 세계대전 이후 프랑스가 겪은 불안정과 침략, 그리고 (2) 그에 따른 경제성장에 필요한 장기 투자에 대한 위험 등을 고려해 볼 때 제2차 세계대전 이후 프랑스의 성장은 때때로 놀라웠기 때문이다. 마지막으로, 미국의 경우를 살펴보는 것도 유익하다. 왜 그런가? 미국이 거의 영국만큼 느리게 성장했기 때문이 아니라 미국의 규모와 다양성, 그리고 확연히 다른 역사와 정책들을 가진 여러 주(州)들로 분할된 것 등은 우리에게, (1) 조사해 볼 수 있는 더 많은 수의 '환자들'(역주) 이것은 위에서 언급한 암환자의 경우에 비유한 것임)을 제공해 주거나, (2) 주들 간의 비교를 통해 더 많은 '자연 실험'(natural experiments)을 해봄으로써 명확한 증거를 찾을 수 있게 해 주기 때문이다. 왜 미국의 많은 주들이 쇠퇴하고 있지만, 다른 많은 주들 – 주로 서부와 남부의 주들 – 은 빠르게 성장해 왔는가? 왜 미국은 현재 자동차, 철강, 가전제품들과 같이 미국이 대량 생산을 개척한 산업들에서 매우 나쁜 성과를 내고 있는가? 동시에 왜 미국은 새로운 첨단 기술 산업들에서 비교적 좋은 성과를 내고 있는가?

4. '분배연합들'과 집단행동의 논리

세계적으로 '지역(국가) 간'에 또는 '기간(期間) 간'에 성장률은 왜 다른가? 앞에서 설명한 다른 국가들과 기간들에서 나타나는 '서로 다른(상이한) 성장률'은 우리가 그 국가에서의 '분배연합들'[6](distributional coalitions), 또는 '특별이익집단들'(special-interest organizations)과 담합집단들(collusion groups)을 면밀히 살펴볼 때에만 제대로 이해할 수 있다. 즉, 이러한 연합이나 단체들은, (1) 자신이 판매하는 제품이나 노동의 가격을 인상하거나, (2) 정부에 영향력을 미치거나, (3) 양자 모두를 수행하기 위해 연합하거나 단결하는 기업들 또는 개인들의 조직체를 말한다. 예를 들면, 전문직협회나 단체(예, 의사협회나 변호사 단체), 노동조합, 농업조합, 동업조합이나 동업자 단체, 그리고 '과점적' 담합집단 등이 이러한 '카르텔'[7] 조직과 로비 단체들의 대표적인 예이다.

분배연합들을 이해하려면 먼저 내가 전개한 '집단행동의 논리'(logic of collective action)를 통해 생각해 볼 수 있다. 어떤 카르텔 조직이

6) **[역주]** 연합(聯合)이란 '둘 이상의 단체나 조직을 합하여 하나의 조직을 만들거나 그런 조직체'를 말한다.
7) **[역주]** 카르텔(cartel)이란 '동일 산업 부문에 종사하는 기업들이 자유 경쟁을 피하고 시장을 독점하여 이윤의 증대를 꾀할 목적으로 제품의 가격, 생산량 등에 대하여 협정을 맺거나 그러한 독점 형태'를 말하며, '기업 연합'이라고도 한다.

나 로비 단체에 소속되어 있는 어느 한 개인(회원)이나 기업(회원)이 자신이 속한 집단(또는 집단의 이익)을 위해 노력하거나 행동해야 한다면 이러한 행동으로부터 발생하는 이익은 (자신의 비용부담과 상관없이) 필연적으로 그 집단 내 다른 사람(회원)들과 똑같이 나누어 가져야만 한다. 예를 들면, 어떤 집단 내에서 제품 가격이나 임금에 대한 일부 사람(회원)들의 집단행동의 결과로 그 집단이 '가격 상승'이나 '임금 인상'을 획득한다면 카르텔화된 제품이나 노동을 함께 판매하는 집단 내 모든 사람(회원)이 (자신의 비용부담과 상관없이) 그러한 이익을 똑같이 누리게 된다. 또한 어떤 집단이 로비에 의한 집단행동의 결과로 획득한 '정부의 특혜적 조치'는 그러한 특별이익(special interest)을 공유하는 집단 내 모든 사람(회원)에게 (각자의 비용부담과 상관없이) 똑같이 이익을 가져다줄 것이다.

이와 같이 집단이익(collective interest)을 얻기 위한 행동의 결과 – 예를 들면, '가격 상승'이나 '임금 인상' 또는 정부의 특혜 조치 등 – 를 올슨(M. Olson)은 '집단재'(collective good) 또는 '집단공공재'(collective public good)라 불렀다. 여기서 집단재(集團財)는 어떤 집단 내에서 집단행동에 대한 자신의 기여(비용부담) 여부와 상관없이 당해 집단 내 모든 사람이 똑같이 누리거나 소비할 수 있는 재화를 말한다. 다른 모든 조건이 같다면, 집단의 크기가 클수록 그 집단을 위해 집단재를 제공하려고 노력하는(즉, 집단재 공급에 기여하는) 어떤 개인(회원)에게 돌아가는 이익의 몫은 더 작아지고, 그 결과 그 개인(회원)이 집단이익을 위해 행동하려는(즉, 집단행동에 기여하려는) 유인(incentive)은 더 적어질 것이다. 다시 말하면, 집단의 규모가 클수록 집단에 소속된 각 개인(회원)은 '무임승차'(free riding)하려 할 것이다. 이제까지의 설명을 통해 우리는 다음 두 가지 결론에 이르게 된다. 첫째, 하나의 공동이익(common interest)을 가지고 있는 집단들은 그 이익을 얻기 위해 자동적으로 행동하지 않을 것이다. 둘째, 어느 한 집단이 매우 크다면 우리는 집단 내 각 개인의 '자발적이고 이기적인 행동'(즉, 무임승차하려는 행위)으로 인하여 그 집단에서는 '특별한 유인이 제공되지 않는다면' 공동이익을 얻기 위한 집단행동은 결코 일어나지 않을 것이라고 확신할 수 있다.

그러면 집단의 규모가 클 때 집단이익(또는 집단행동)은 어떻게 달성되는가? 대규모 특별이익집단들의 집단이익은 다음 두 가지 경우에서만 달성될 수 있다. 첫째, '피켓 라인'(picket line)[8]과 같은 '강제나 강압'이 있는 경우에 집단이익이 달성될 수 있다. 둘째, 집단 내 개인(회원)의 '집단지향적 행동'(group-oriented action)의 대가로 제공되

8) **[역주]** 피켓 라인(picket line)이란 노동 쟁의 때 출근 저지 투쟁을 위해 파업 노동자들이 늘어선 줄 또는 노동 쟁의 때 파업 배반자를 감시하기 위한 감시선(監視線)을 말한다.

는 상당한 보상(報償)이 있는 경우에 집단이익이 성취될 수 있다. 이러한 보상은 자신의 집단이 가지는 '사회적 명성'과 같이 집단재의 제공과 별개로 제공된다. 따라서 집단행동(集團行動)은 (1) '강제나 보상(이를 '선택적 유인'이라 부름)이 없다면' 결성 또는 조직화하기가 매우 어려우며, (2) 대규모 집단들의 경우 집단행동을 위해 '강제 행위'를 취할 수 있거나 집단 내 각 개인에게 '양(+)의 선택적 유인'(positive selective incentive)을 제공할 수 있는 집단들에서만 발생할 수 있다. 예를 들어, 작업을 하기 위해 정해진 공장이나 광산에 들어가야만 하는 집결된 근로자들에게는 '강제나 강압 행위'를 적용·실시할 수 있지만, 여기저기 흩어져 있는 소비자들의 경우는 그렇지 못할 것이다. 또한 사회적으로 상호 작용하는 집단들은 '사회적 보상과 압력'에 민감하게 반응할 수 있지만, 공통적인 사회생활이 없는 집단들은 그러한 사회적 유인들에 반응할 수 없을 것이다. 심지어 강제나 강압 행위 또는 다른 선택적 유인들(selective incentives)이 잠재적으로 사용 또는 적용 가능하더라도 이들을 이용하여 '처음으로' 집단행동을 조직(결성)하는 것은 여전히 어려운 일이다. 따라서 집단행동을 성공적으로 조직·결성하기 위해서는 집단행동을 이끌어낼 수 있는 활동가나 지도자들의 '탁월한 리더십'과 사회적으로 집단행동이 일어날 수 있는 '유리한 여건들'이 필요하다.

이러한 주장은 국가적으로 어떤 의미를 주는가? 우선, 이제까지의 주장을 통해 우리는 다음 시사점을 예상할 수 있다. 즉,

"어떤 국가에서도 국가 내 모든 조직된 집단들이 획일적이거나 대칭적이지 않을 것이다".

이는 모든 사람이 획일적이고 대칭적으로 집단을 결성할 수 있는 것은 아니라는 의미이다. 이러한 예상은 현실에 잘 부합된다. 예를 들면, 어떤 국가에서도 소비자들, 납세자들, 실업자들 및 빈곤층과 같은 일부 대규모 집단들은 집단행동의 필요성에도 불구하고 '대규모 조직체'로 결성되어 활동하지 않고 있음을 쉽게 볼 수 있다. 또한 어떤 국가에서 비(非)획일적이고 비(非)대칭적인 집단결성이 가지는 이러한 특징은 서로 다른 집단들 간에 협력할 가능성을 없애 준다. 즉, 국가나 사회 내 모든 주요 집단들의 지도자들이 어떤 '효율적이고 성장 지향적인' 정책에 합의할 때까지 함께 협상한 다음, 관계된 모든 집단이 이익을 얻도록 그 이익을 분배할 수 있는 여지를 '불가능'하게 한다. 예를 들어, 어떤 국가에서 소비자들과 납세자들이 협력하여 집단행동을 하는 경우는 거의 불가능하다.

다음으로, '집단행동이 문제(또는 불가능)'라는 사실 – 이를 '집

단행동의 문제(또는 불가능성)'라고 부름 – 을 통해 우리는 다음과 같은 또 다른 유용한 시사점을 예상할 수 있다. 즉,

"오랫동안 정해진 경계선이 변하지 않은 '안정된 사회들'에서 시간이 지남에 따라 '더 많은 분배연합들'이 축적될 것이다".

이러한 예상도 현실에 잘 부합된다. 예를 들면, 오랫동안 전쟁을 겪지 않은 '안정된 사회들'에서 더 많은 분배연합들이 활동할 것이다. 집단행동, 특히 대규모 집단들이 집단행동을 하려면 사회적으로 조성된 '유리한 여건들'이 필요하기 때문에 집단행동을 할 수 있는 '때가 될 때까지' 대체로 집단들은 거의 결성(조직)될 수 없을 것이다. 따라서 시간이 많이 흐를수록 사회적으로 유리한 여건들이 조성됨으로써 더 많은 집단들이 조직되거나 결성될 것이다.

분배연합들은 사회적으로 어떤 '해로운' 효과를 가져다주는가? 대부분의 분배연합들은 그들이 '카르텔적'이든 '권력에 로비를 지향'하든 결국은 경제적 효율성과 경제성장에 해롭다. 여기에는 두 가지 이유가 있다. 첫 번째 이유는 집단행동을 통해 가격이나 임금을 인상하려는 집단이나 단체들은 그들이 통제하는 산업이나 직업

에 대한 진입(進入)을 제한함으로써만 가격이나 임금을 인상할 수 있기 때문이다. 따라서 자원의 자유로운 이동에 대한 이러한 진입장벽들(entry barriers)은 어떤 국가의 경제가 수요 변화와 새로운 기술들에 적응하는 속도를 대단히 감소시킨다. 두 번째 이유는 이익집단들의 로비활동에 의해 제정된 '특별이익법률'(special-interest legislation)이 자원들을 (비록 사적으로는 이익이 되지만) '사회적으로 더 적은 가치를 생산하는 부문'으로의 이동을 촉진시키기 때문이다. 또한 분배연합들이 국가의 경제성장에 '해로운' 다른 이유와 방법들이 많이 있지만, 나는 이들에 대해 이미 다른 책에서 자세히 논의하였으므로 여기서 그러한 문제들을 다시 설명하지는 않을 것이다.

그러나 분배연합들이 사회적으로 반드시 해로운 것만은 아니다. 오스트리아, 북유럽 국가들(스웨덴, 노르웨이, 덴마크) 및 과거 서독에서처럼 때때로 특별이익집단들은 사회 내에서 인구 또는 자원의 상당 부분을 차지하고 있다. "작은 집단들이 큰 집단들보다 집단을 결성(조직)하기 더 쉽다"는 논리로부터 우리는 다음과 같은 결론을 얻을 수 있다. 즉, 그러한 비교적 소규모 국가들에서 볼 수 있는 것처럼 "특별이익집단들은 그들이 속한 사회의 효율성을 유지하기 위해 '노력하려는' 유인을 가지게 될 것"이라는 점이다. 왜 그런가? 만약 어떤 특별이익집단이 '비효율적인 정책들'로부터 자신의 회원들이 상당한 손실을 보게 된다면 그 집단은 그 과정에서 '조금의 낭비도 없이'(즉, 효율적으로) 그 정책들로부터 큰 파이 조각(즉, 이익)을 얻어 내려고 애쓸 것이다. 이 과정에서 사회적 효율성이 유지된다. 따라서 소규모 국가들에서 인구나 자원의 상당 부분을 차지하는 대규모 특별이익집단들의 경우 자신의 회원들을 위해 '포괄적 이익' (encompassing interest, 망라적 이익)을 가지게 됨으로써 사회의 효율성을 유지하려는 유인을 가진다. 그러나 이러한 특별이익집단은 모든 국가에서 역사적으로 흔치 않은 경우이다.

다음으로, 나의 주장을 뒷받침하는 두 가지 역사적 사례들을 살펴보기로 하자. 첫째, 만약 내가 지금까지 설명한 것이 옳다면 제2차 세계대전 이후 서독, 일본, 이탈리아의 급속한 경제성장은 결코 '놀라운 일'이 아닐 것이다. 이들 국가의 전체주의[9] 정부들(totalitarian governments)은 좌파(the Left) 성향의 모든 집단이나 조직체를 포함하여 대부분의 독립적인 단체나 조직체들을 없앴고, 연합국 점령자들도 패배한 정권들과 연루된 단체나 조직체들을 없애버렸다. 그 결과로 전쟁 후에 만들어진 '새로운' 단체나 조직체들은 새 지배자인 점령군 당국들이 바라던 바처럼 '포괄적'이었다. 즉, 이때의 이들 국가

9) **[역주]** 전체주의(全體主義)란 '개인의 모든 활동은 전체, 즉 민족·국가의 존립·발전을 위해 바쳐져야 한다는 이념 아래 국민의 자유를 억압하는 사상'으로 역사적으로 파시즘이나 나치즘을 말한다.

의 집단들은 '포괄적 또는 망라적 집단들'(inclusive or encompassing organizations)이었다. 따라서 제2차 세계대전 이후 독일, 일본 및 (이들 국가와는 그 정도가 다소 약하지만) 이탈리아의 '특별이익'집단들은 비교적 '드물게' 존재했으며, 이들 국가에서 실제로 존재했었던 집단들은 종종 비교적 '포괄적 또는 망라적'이었다. 놀랍게도 제2차 세계대전 이후에 독일, 일본 및 이탈리아에서 생겨난 단체나 조직체들은 '특별이익'집단들이 아니라 '포괄적 또는 망라적' 집단들이었다. 그 결과 독일, 일본 및 이탈리아는 이러한 '포괄적 또는 망라적' 집단들로 인해 전후에 '급속한 경제성장'을 이룩할 수 있었다.

둘째, 이제까지 설명한 내 주장은 (이 책이 발표된 1989년 당시) '프랑스'의 경우에도 적용될 수 있다. 프랑스가 1800년대 이후에 겪은 대격변[10]과 침략들로 인해 장기 투자가 크게 위축 또는 저지(沮止)되었음에도 불구하고 왜 지난 20~30년 동안 매우 급속도로 성장해 왔는지를 설명하는 데에도 유용하다. 왜 그런가? 그 이유는 대격변과 침략들로 인해 프랑스에서 분배연합들이 조직되지 못했기 때문이다. 위에서 설명했듯이 "분배연합들은 오랫동안 국가의 경계선이 변하지 않는 *안정된* 사회에서 축적되거나 확립되는(굳건히 뿌리는 내

10) **[역주]** 예를 들면, 1789~1799년에 일어난 프랑스혁명을 들 수 있다.

리는) 경향이 있다". 프랑스가 '항상' 안정적인 사회는 아니었지만 때때로 '안정적인' 시기들도 있었다. 프랑스는 그러한 시기에 특정 산업들에서 '소수의 대기업들'(이는 본질적으로 '작은 집단'을 의미함)이 집단을 결성(조직)할 수 있었다. 이는 위에서 주장했듯이 '작은 집단들이 큰 집단들보다 집단을 결성(조직)하기가 더 쉽기' 때문이다. 프랑스의 이러한 기업 로비 단체들은 많은 비효율적인 산업들을 보호해 줌으로써 프랑스를 '고도의 보호주의적인 국가'로 만들었다. 그러나 프랑스가 1958년에 유럽공동시장(Common Market)에 가입함으로써 프랑스 사회는 전쟁 없이도 사실상 자신의 경계선이 '변하게' 되는 결과를 초래하였다. 관세를 결정할 수 있는 권한이 유럽공동체(EEC)로 이전되었고, 이로 인해 그동안 보호를 받아 왔던 프랑스의 국내 무역업 단체들은 대부분의 보호 및 정치적 권한을 박탈당했기 때문이다. 이러한 이유로 1960년대에 프랑스에서 분배연합들이 결성(조직)되지 못하게 되었으며, 그 결과 프랑스는 지난 20~30년 동안 매우 급속도로 성장해 올 수 있었다.

5. 사회적 안정과 집단결성의 자유는 '경제 경화증'[11]을 불러온다.

이제 "어떤 사회(국가)가 방금 논의한 사회(국가)들과 '정반대' 되는 극단에 위치하고 있는가?"에 관해 물어볼 차례이다. 다시 말하면, 어떤 선진 공업 국가가 가장 오랫동안 외세의 침략에 맞서 자신의 국경을 굳건히 지키며 '안정된 사회'와 '집단결성의 자유'를 누려 왔는가? 우리는 그 대답을 이미 너무 잘 알고 있으므로 여기서 굳이 언급할 필요조차 없을 것이다. 그 국가는 바로 영국이다.

게다가 영국은 20세기에 이르러 위에서 설명한 내 주장이 예상하는 바대로 정확히 '느린 성장률'을 보였다. 영국의 20세기 느린 성장률은 과연 어디에 기인하는가?

그러나 우리가 영국의 (1) '경제성장의 역사적 패턴'과 (2) 내 주장이 암시하는 '특별이익집단들과 담합집단들에 대한 견고한 패턴'이 존재하는지를 보기 전까지는 어떠한 결론도 내려서는 안 될 것이다. 영국에서 실제로 이러한 패턴들이 존재하는가? 우선, 영국은 실제로 역사적으로 '서서히'(점차적으로) '가장 느리게 성장하는

11) **[역주]** 경화증(硬化症)이란 '몸의 조직·기관이 비정상적으로 단단하게 변화하는 병'으로 동맥 경화증이나 간 경화증 등을 들 수 있다.

선진국들' 중 하나가 되었다. 또한 영국에서 특별이익집단들은 '긴밀하고 견고한' 네트워크를 가지고 있으며, 이들도 사회적으로 '서서히' 축적되어 왔다. 이러한 특별이익집단들은 노동조합들뿐만 아니라 영국 특유의 분리되어 조직된 법정 변호사(barrister)협회와 사무 변호사(solicitor)협회,[12] 농민연합들, 거의 모든 산업에 존재하는 각종 기업 단체들이나 담합집단들에 이르기까지 매우 다양하다. 따라서 영국의 (1) 경제성장의 역사적 패턴은 느린 성장률을 보여 주고 있고, (2) 특별이익집단들은 긴밀하고 견고한 네트워크를 가지고 있음을 알 수 있다. [역주] 올슨은 후자의 이유로 인해 20세기 영국의 경제성장률이 느리다고 보았다.

[표 1] 이익집단의 유형과 경제성장에 미치는 영향

이익집단의 유형	경제성장에 미치는 영향	사례
특별이익집단, 분배연합	경제성장을 정체시킴.	20세기의 영국
포괄적 또는 망라적 집단	경제성장을 촉진시킴.	제2차 세계대전 후의 서독, 일본, 이탈리아

주: 역자가 정리한 표임.

12) **[역주]** '법정 변호사'(barrister)와 '사무 변호사'(solicitor)는 영국 특유의 제도로서 이들의 이익을 대변하는 각 협회는 카르텔 유지 목적으로 분리하여 설립되었다.

이제 다음 사실에 주목해 보기로 하자. 즉, '18세기'에 영국은 유럽 대륙의 인접 국가들보다 사회적 이동성이 더 컸으며(또는 계급의식이 약했으며), 또한 상업적이고 기업가적인 정신이 더 높았다는 명성을 가지고 있었다. 그러나 20세기에 와서는 모든 사람이 영국이 가지고 있는 이와 다른 특성들을 강조하고 있다. 즉, 20세기에 이르러 영국은 사회적 이동성이 작아지고 기업가적 정신이 낮아졌다. 최근(1989년 당시) 영국은 '계급의식'[13](class-consciousness)과 '기업가 정신에 대한 사회적 열정(熱情)'에 있어서 그 상대적인 정도가 명백히 변화하였다. 20세기 영국에서 '계급의식'은 높아졌고(즉, '사회적 이동성'은 낮아졌고), '기업가 정신에 대한 사회적 열정'은 낮아졌기 때문이다. 이제까지 이러한 명백한 변화는 적절히 설명되지 않았다. 그러나 그러한 변화는 여기에서 내가 주장하는 예측과 정확히 일치한다. 왜 그런가? 특별이익집단들과 담합집단들은 공급량을 제한하고 다른 공급자들을 배제함으로써, 즉 포함(inclusion)이 아닌 일종의 *배제*(exclusion)를 통해서만 가격이나 임금을 인상할 수 있다. 그 결과, 특별이익집단과 담합집단 내 '계급의식'은 높아지고, '기업가 정신에 대한 사회적 열정'은 낮아진다. 앞에서 설명했듯이 특별이익집

13) **[역주]** 계급의식(階級意識)이란 '자기가 속한 계급의 지위 · 성격 · 사명 등을 깨닫고, 또 이것을 실현하려는 의식'을 말한다.

단은 '사회적 보상'과 '압력'에 의해 그 힘이 강화될 것이다. 다시 말하면, 어느 한 특별이익집단이 집단을 위해 협력하는 사람(회원)들에게 '사회적 보상'을 제공할 수 있고, 협력하지 않는 사람(회원)들에게 '압력'이나 처벌을 가할 수 있을 때 그 집단의 결속력은 강화될 것이다. 이러한 사회적 유인들 – 즉, 사회적 보상과 압력 – 은 사회적으로 상호 작용하는 사람들에게만 적용되기 때문에 그 특별이익집단은 '사회적 동질성(同質性)'을 유지하려는 유인을 가진다. 최근 몇 세기 동안 영국에서 사회적 이동성을 증가시키는 경향이 있는 다른 상쇄적인 요인들도 존재해 왔다. 그러나 (특히, 유럽 대륙과 역사적 비교를 할 때) 무엇보다도 우리는 영국에서 사회적으로 특별이익집단들과 담합집단들이 축적되면 앞에서 나폴레옹이 말한 '상인들의 나라'[14](a nation of shopkeepers)가 '클럽(집단)들과 술집들의 나라'(a land of clubs and pubs)로 바뀔 수 있다는 점을 기억해야 한다.

더욱이 내 주장은 미국에 대해서도 다음 사실을 시사해 준다. 미국의 경우 '오래된 산업들', 특히 담합과 카르텔화(化)에 취약한 '집중화된 산업들'(concentrated industries)이 비교적 '신생 산업들'보다 '덜 빠르게' 성장할 것이다. 왜 그런가? 신생 산업들은 특별이익집

14) **[역주]** 이는 '상인 근성의 나라'를 의미하며 '영국' 또는 '영국인'을 말한다.

단들이나 분배연합들이 결성되어 발전할 시간이 비교적 적은 산업들로서, 예를 들면 '새로운 기술들'에 기반을 둔 산업들을 들 수 있다. 이러한 예상은 실제로 미국의 경우 사실이다. 미국과 같은 국가에서 대부분의 제조업들은, (1) '19세기 후반'에서야 정착한 지역들이나, (2) 남북 전쟁(Civil War, 1861~1865년)과 그에 따른 인종 갈등과 불안정의 세기(世紀)로 분열된 지역들로 이동할 수 있었다. 그 결과, 이러한 지역들에서 미국의 제조업들은 상대적으로 '낮은 노조화(勞組化)'를 이룰 수 있게 되었다. 이러한 이유로부터 이제 우리는 다음을 예상할 수 있다. 즉, "미국에서 '노조화가 낮은' 주(州)들이 그렇지 않은 주들에 비해 더 빠르게 성장해 왔다"고 예상할 수 있다. 미국에서 실제로 그러한 주들은 더 빠르게 성장해 왔다. 영국의 제조업 경우에도 이와 유사하다. 피터 머렐(Peter Murrell)의 연구에 의하면 영국도 또한 적어도 독일에 비해 '오래되고 집중화된 산업들'에서 상대적으로 '나쁜 경제성과'를 보여 주었다.[15)]

다른 선진국들의 경우는 어떤가? 비교적 오랜 기간 동안 사회적 안정과 외세의 침략을 겪지 않았음에도(역주: 앞에서 설명했듯이 이러한 경우에 특별이익집단들과 분배연합들이 축적되어 경제성장이 정체된다) 불

15) **[원문 각주 3]** Murrell, Peter, "The Comparative Structure of the Growth of the West Germany and British Manufacturing Industries", in Dennis C. Mueller (ed.), *The Political Economy of Growth*, New Haven, Conn.: Yale University Press, 1983, pp. 109~113.

구하고 1인당 소득이 비정상적으로 '높은' 다른 선진 민주주의 국가들이 있다. 그러한 국가들에서 1인당 소득이 왜 높았는가? 이들 국가에서는, (1) 이례적으로 '포괄적 또는 망라적 집단들'(encompassing organizations)이나, (2) 로비활동들을 제한하는 '헌법상의 특별한 제한조치들'이 존재하기 때문이다. 또한 이러한 요소들은 앞에서 설명한 '제도경화증'(制度硬化症, institutional sclerosis)을 완화하는 역할을 한다.

이제까지 설명한 나의 주장은, (1) 제2차 세계대전 이후 선진 민주주의 국가들(예, 서독, 일본, 이탈리아, 프랑스, 미국 등)의 경제성장 경험뿐만 아니라, (2) 적어도 가장 오랫동안 산업화되어 온 국가인 영국의 역사적 패턴과 대체로 일치한다. 그러나 이러한 사실은 결코 우리가 "경제성장의 원인을 '단일(單一) 인과적' 방법으로 설명했다"는 것을 의미하지는 *않는다*. 경제성장을 '한 가지 원인'으로 설명할 수 없기 때문이다. 현실은 매우 복잡하며, 그로 인해 경제성장의 원인을 설명하는 데에는 확실히 많은 요인들이 관련되어 있다.

내가 지금까지 설명해 온 것이 '설득력 있다'고 생각하더라도 그것은 다음과 같은 터무니없는 주장을 정당화하지는 못할 것이다. 때때로 '얄팍한 재치'를 부리기 좋아하는 사람들은 나의 주장(이론)으로부터 전혀 타당성이 없는 한 가지 정책적 함의를 제시하곤 한다. 그들이 내어놓는 정책적 함의는 바로 특별이익집단들과 담합집단들의 축적을 방지하기 위하여 과거 독일과 일본이 경험한 “실패한 전쟁들과 폭력적인 혁명들이 때때로 바람직하다”는 ‘이상한’ 함의이다. 전쟁과 혁명이 때때로 바람직하다는 함의는 터무니없는 논리이다. 이러한 함의는 인구 과잉에 대한 대책으로 역병이나 전염병 또는 전쟁을 권장하는 것과 거의 유사하다. 이러한 함의는 그로부터 얻는 이익만 생각하고, 수반되는 막대한 비용은 간과하고 있다. 따라서 내 주장이 아무리 설득력이 있다고 하더라도 이러한 터무니없는 정책적 함의를 정당화하지는 못한다.

그러면 ‘진정한’ 정책적 함의는 무엇인가? 내 주장이 시사하는 진정한 정책적 시사점은 위에서 살펴본 터무니없는 함의들과는 매우 다르다. 나의 정책적 함의는 우리를 궁극적으로 앞에서 언급한, (1) ‘사회에서 아이디어가 하는 역할’과, (2) 어떤 사회의 성과를 향상시킬 수 있는 아이디어를 방해하기 위해 기득권 세력(vested interests)이 설치해 둔 각종 장애물을 극복하거나 피할 수 있는 방법들로 이끌 것이다. 그러나 이를 위해 우리는 먼저, 20세기 영국의 경우(그리고 다른 많은 사회(국가)들에서도 마찬가지로) ‘경제적 아이디어’(economic ideas)가 기득이익이 사회에 해(害)를 끼치는 것을 자동적으로나 직접적으로 막지 못하는 이유를 찾아야만 한다. 경제적 아이디어는 기득이익이 사회에 끼치는 해를 왜 막지 못하는가? 경제적 아이디어의 힘이 기득이익보다 약한 것인가? 다음으로, 케인스의 견해와 현저히 대조되는 것으로 우리는 국가들 간의 '경제성장률의 상대적 패턴'을 설명하는 데 있어 기득이익(vested interests)이 '경제사상(經濟思想)의 수준'보다 훨씬 더 잘 설명하는 이유를 알아내야만 한다([역주] 앞에서 보았듯이 케인스는 '기득이익'이 더 우월하다고 하였다). 세계 경제사상(思想)의 역사에서 영국이 비교적 '높은 지위'를 차지하고 있음에도 불구하고 왜 '제도경화증'을 피할 수 없었는가? 그 이유를 알아보려면 우리는 무엇보다도 더 나은 아이디어(better ideas)의 확산과 그 정치적 영향력을 제한하는 가장 중요한 단일 요소를 분석해 보아야만 한다. 그 요소는 바로 '합리적인 무지'(rational ignorance)이다. 이제 아래에서 합리적 무지에 대해 고찰해 보기로 하자.

6. 일반 시민의 합리적 무지

어느 한 사회에서 선거를 앞두고 '국가의 정책들이나 지도자의 리더십'을 면밀히 조사하는 데 얼마나 많은 시간을 쓸지를 결정하는 어떤 일반 시민이 있다고 가정해 보자. 그 시민이 그러한 문제들에 더 많은 시간을 쓸수록 (불합리한 정책들이나 부족한 리더십보다는) '합리적인' 정책들이나 '훌륭한' 리더십을 가진 후보자나 정당에 찬성표를 던질 가능성이 더 클 것이다(역으로 그 시민이 그러한 문제들에 더 적은 시간을 쓸수록 불합리한 정책들이나 부족한 리더십을 가진 후보자나 정당에 찬성표를 던질 가능성이 더 클 것이다). 그러나 이 일반 시민은 더 효과적인 정책들이나 더 훌륭한 리더십이 선택되더라도 이로부터 자신이 얻는 이익은 '작을' 것이다. 그러면 선거에서 더 효과적인 정책들이나 더 훌륭한 리더십이 선택됨으로써 얻는 이익은 누가 가져가는가? 선거에서 더 효과적인 정책들이나 더 훌륭한 리더십이 선택됨으로써 '사회 전체적'으로 그 나라의 다른 시민들이 총이익 중 거의 모든 이익을 가져갈 것이다. 이러한 이유로 그 개별 시민은 관련된 사실을 조사하고 국가에 무엇이 최선인지를 생각하는 데 거의 많은 시간을 쓰려는 유인이 없을 것이다([역주] 이러한 결과를 '용의자 딜레마'(prisoners' dilemma) 상황이라고 부른다). 그러나 모든 시민이 국가(정부)가 좋은 정책이나 리더십을 통해 자신의 공동이익(common interests)을 증진시키도록 하는데 더 많은 시간을 할애한다면 각 시민의 이익은 더 커질 것이다. 즉, '모든 시민'이 더 효과적인 정책들이나 더 훌륭한 리더십에 찬성 투표하는 데 더 많은 시간을 기꺼이 할애한다면 각 시민의 이익은 더 커질 것이다.

이러한 결과는 각국의 총선거에서 가장 잘 드러난다. 먼저, 총선거에서 어느 한 투표자가 얻는 이익은 어떻게 계산되는가? 선거에서 어느 한 유권자(개인)가 자신의 투표행위가 진정으로 자신에게 이익이 되는지가 분명해질 때까지 선거 이슈와 후보자들을 세밀히 조사함으로써 그가 최종적으로 얻는 이익은 다음과 같이 계산된다. 즉, "자신이 원하는 '올바른'(right) 선거 결과(즉, 자신이 지지하는 후보자가 당선되었을 경우)가 그 개인(유권자)에게 가져다주는 가치(V^{right})와 '잘못된'(wrong) 선거 결과(즉, 자신이 지지하는 후보자가 당선되지 않았을 경우)가 그 개인(유권자)에게 가져다주는 가치(V^{wrong})[16] 간의 차이"[17]에 "그 개인(유권자)의 투표(즉, 후보자 지지) 변경이 그 선거의 결과를 바꿀 수 있는 확률(Prob)"을 곱한 것이다:

[역주]어느 한 유권자(개인)가 투표로부터 얻는 이익

$$= (V^{right} - V^{wrong}) \times Prob.$$

---

16) **[역주]** 이 문장은 원문에 없으나 문맥상 이 표현이 들어가야 옳다고 사료된다.

17) **[역주]** 원문에는 the difference in the value to the individual of the "right" election outcome이라고 표현되어 있으며, 이는 틀린 표현이다. 정확히 말하면 the difference **between** in the value to the individual of the "right" election outcome **and in the value to the individual of the "wrong" election outcome**이 옳은 표현이다.

다음으로, 대개 각국의 총선거에서 어느 한 일반 유권자(시민)가 선거 결과를 바꿀 수 있는 확률은 무시할 수 있을 정도로 '아주 작다'(예, Prob. $\cong 0 \cong 0.000001$):

[역주]어느 한 유권자(개인)가 투표로부터 얻는 이익

$$= (V^{right} - V^{wrong}) \times \text{Prob.}$$

$$= (V^{right} - V^{wrong}) \times 0.000001.$$

$$\cong 0$$

따라서 그 일반 시민은 그가 의사이든 택시 운전사이든 일반적으로 공무(公務)에 대해 '합리적으로 무지'(rationally ignorant)하게 된다.

일반 시민들은 항상 '공무에 대해 합리적으로 무지'하는가? 그렇지 않다. 우선, 때때로 공무(公務)에 대한 어떤 정보가 너무 '흥미롭거나 재미있어서' 이러한 이유만으로 그 '정보를 얻는 것'만으로도 이익이 된다. 이러한 상황은 "*일반* 시민들이 공무에 대해 합리적으로 무지하다"는 일반론(一般論)에 대한 가장 중요한 '예외'의 한 가지 원천이다. 다음으로, 소수의 '특별한 직업'에 종사하는 개인들이 '공공재에 대한 탁월하고 특별한 지식이나 정보를 습득'한다면 사적재(私的財)에서 커다란 보상(예, 토지 또는 주식 가격 상승)을 얻을 수 있다.[18] 예를 들면, 정치인들, 로비스트들, 언론인들 및 사회과학자들은 공무에 대해 합리적으로 무지하는 대신에 '공무에 대한 특출한 지식'을 통해 더 많은 돈과 권력 또는 명성을 얻을 수 있다. 마지막으로, 사회에서 흔한 경우는 아니지만 가끔 공공정책에 대한 '탁월한 지식'은 주식이나 증권 거래소 또는 다른 시장들에서 '엄청난 이익'을 창출할 수 있다. 이와 같이 소수의 '특별한' 사람들은 공무에 대해 특별한 정보나 지식을 가짐으로써 '합리적으로 유지(有知)'[19]하려는 유인을 가지고 있다. 현실이 이러함에도 불구하고 공무에 대해 합리적으로 무지하려는 성향을 가진 '일반' 시민은 일반적으로 자신의 소득과 삶의 기회가 공무들이나 공공정책들 또는 특정 집단재(공공재)에 대한 '면밀하고도 열성적인 조사'로 증진 또는 향상되지 '않을' 것이라는 사실을 알거나 믿게 될 것이다. 왜 이러한 결과가 나타나는가?

이를 위해 다음 사실에 주목해 보기로 하자. 어느 한 개인이 '공공재에 대한 깨달음'[20] – 즉, 공공재에 대해 잘 알게 됨. 또는 공공재에 대해 유지(有知)함 – 으로부터 얻는 이익은 일반적으로 공공재에

18) **[역주]** 예를 들면, 현재 우리나라에서 전개되고 '대장동 개발' 의혹 사건을 생각해 보라.
19) **[역주]** '**합리적 유지(有知)**'는 역자가 만든 조어(造語)이다.
20) **[역주]** '깨달음'이란 '진리나 이치 따위를 생각하고 궁리하여 알게 됨'을 말한다.

대해 '잘 알게 되는데' 드는 비용을 부담한 바로 그 개인에게 '집중' 되기(concentrated)보다는 어떤 집단이나 국가 전체에 '분산' 된다[21]는 사실이다.[역주] 올슨의 이러한 주장을 오늘날 우리는 '이익분산·비용집중'(dispersed benefits and concentrated costs)이라고 부른다. 이러한 사실은 다른 많은 현상을 설명하는 데에도 유용하다. 예를 들면, 이 사실은 언론에서 무엇이 뉴스(보도) 가치가 있는지를 결정할 때 '사람이 개를 무는'(man bites dog) 기준을 적용할 때 유용하다. 우리는 '개가 사람을 무는' 경우는 뉴스가 아니지만 '사람이 개를 무는' 경우는 뉴스가 된다는 사실을 잘 알고 있다. 저널리즘의 규칙에 따르면 보통 '개가 사람을 무는' 경우는 헤드라인이 되지 않으며 '사람이 개를 무는' 경우가 헤드라인이 된다. 왜 그런가? 만약 사람들이 오로지 '공무에 관한 가장 중요한 정보들'을 얻기 위해 텔레비전 뉴스를 시청하거나 신문을 읽는다면 '공적으로 중요하지 않은 비정상적인 사건들'은 자연히 무시될 것이고, '수량적으로 중요한 일반적인 유형들'만이 강조될 것이다. 이것은 사실인가? 아마 그렇지 않을 것이다.

실제 세계에서 일반 사람들은 합리적 무지로 인해 '수량적으로

21) **[역주]** The benefits of individual enlightenment about public goods are usually "dispersed" throughout a group or nation, rather than "concentrated" upon the individual who bears the costs of becoming enlightened(원문, p. 34).

중요한 기사들'에 거의 관심을 두지 않을 것이다. 이와 대조적으로 텔레비전이나 신문의 뉴스가 대부분의 사람들에게 주로 다른 형태의 오락이나 유흥에 대한 하나의 '대안'(代案)이라면 아주 흥미롭고 기이한 사건들과 인간적인 관심을 끄는 내용(사람들이 '합리적으로 유지'하려 하기 때문)이 요구될 것이다. 텔레비전 뉴스가 아주 흥미롭고 기이한 사건들과 인간적인 관심을 끄는 내용을 다룬다면 사람들의 관심을 끌 수 있을 것이다. 이와 마찬가지로 긴장감 있게 펼쳐지는 사건들이나 유명 인사들의 성추문(性醜聞) 사건들은 언론에 의해 자세히 보도(사람들이 '합리적으로 유지'하려 하기 때문)되는 반면에, 경제 정책의 복잡한 내용이나 공적 문제들에 대한 수량적 분석들은 최소한의 관심밖(사람들이 '합리적으로 무지'하려 하기 때문)에 받지 못한다.

종종 시민들에게 세금으로 봉급을 받는 만큼 일하지 않고 생존하거나 자리를 보존하고 있는 공무원들도 '뉴스 가치가 있는 단순하고 극히 예외적인 실수'로 추락하거나 낙마할 수 있다. 많은 대중을 불쾌하게 하는 터무니없는 성명서 발표, 재미있게 진행하는 시위활동들, 난폭한 시위행위 등도 이와 같은 방식으로 설명할 수 있다. 그러한 행위들은 텔레비전이나 신문에서 '색다르거나 재미있는 뉴스거리'를 만듦으로써 (그렇지 않았다면 쉽게 무시될 수 있는) 관심과 논쟁을 불러일으키는 데 촉매제 역할을 한다. 심지어 잔혹하고

[표 2] 합리적 무지와 그 회피 방법 사례

합리적 무지	합리적 무지를 피하는 방법
'개가 사람을 무는' 경우	'사람이 개를 무는' 경우
• 경제정책의 복잡한 내용 • 공적 문제들에 대한 수량적 분석들	• 아주 흥미롭고 기이한 사건들 • 인간적인 관심을 끄는 내용
세금 값어치도 하지 못하면서 생존하거나 자리만 보전하는 공무원의 경우	• 긴장감 있게 펼쳐지는 사건들 • 유명 인사들의 성추문 사건들
세금으로 봉급을 받는 만큼 일하지 않고 생존하거나 자리 보존하는 공무원의 경우	공무원이 뉴스 가치가 있는 단순하고 극히 예외적인 실수로 추락하거나 낙마한 경우
평범하게 이루어지는 항의나 시위행위들	대중을 불쾌하게 하는 터무니없는 성명서 발표, 재미있게 진행하는 시위활동들, 난폭한 시위행위 등의 경우
평범하게 이루어지는 테러행위	잔혹하고 '분별없는' 짓으로 묘사되는 일부 테러행위의 경우

주: 역자가 정리한 표임.

'분별없는' 행위로 묘사되는 일부 테러행위들조차도 이러한 관점에서 '대중의 커다란 주목(注目)을 끌기 위한 효과적인 수단'으로서 설명될 수 있다. 그러나 테러행위들이 '평범하게' 이루어졌다면 사람들은 그에 대해 합리적으로 무지할 것이다.

공무에 대한 '일반 유권자(시민)의 합리적 무지'는 '집단행동의 일반 논리'가 적용되는 한 예이다. 일반 시민의 경우 그(또는 그녀)가 아무리 교육을 잘 받았다 하더라도 '공무(公務)에 관한 정보'는 일반적으로 '공공재'(public good)이다. 왜 그런가? 어떤 일반 시민이 공무에 관해 획득하는 '더 나은 정보'로부터 얻는 모든 이익은 일반적으로 사회(국가) 전체와 함께 나누어 가지게 될 것이며(이를 '이익분산'이라고 함), 그로 인해 그 일반 시민은 그 이익 중에서 '아주 작은 몫'을 얻게 될 것이다. 그 일반 시민이 얻는 작은 이익은 사회 전체가 얻는 이익인 그 국가의 국민소득에서 자신이 일해서 가져오는 작은 몫을 말한다. 그러나 그 일반 시민은 그가 공무에 관한 정보를 획득하는 데 드는 '모든 비용'을 오직 자신이 부담해야만 한다(이를 '비용집중'이라고 함). 이러한 이유로 어느 사회에서 일반 시민이 획득하는 '공무에 관한 정보'는 '공공재'(公共財)이다. '집단행동의 논리'는 다른 책이나 논문에서 이미 자세히 설명했을 뿐만 아니라 이 책의 앞에서도 간단히 언급했기 때문에 여기서 이에 관해 더 이상 언급하지 않을 것이다.

(1) 일반 시민들의 '합리적 무지'와 그 대체로서의 '이념 의존'

이제까지 살펴본 '집단행동의 일반 논리'로부터 발생하는 '일반 시민들의 합리적 무지'는 우리에게 "민주사회에서 일반 시민들의 '정치 생활'에서 '단순한 이념들과 정치적 슬로건들'[22]이 매우 중

22) **[역주]** '슬로건'(slogan)이란 주의나 주장 따위를 간결하게 나타낸 짧은 어구로 표어나 구호를 말한다.

요한 역할을 수행한다"는 사실을 암시해 준다. 오래전에 앤서니 다운스(Anthony Downs)[23]가 설명했듯이 '이념'은 '공무(공적 문제)에 대한 상세한 연구와 지속적인 숙고'를 대신하는 역할을 한다. 일반 시민들은 합리적 무지로 인해 '공무(공적 문제)에 대한 상세한 연구와 지속적인 숙고'를 하는 *대신에* 자신의 '이념'에 따라 행동한다. 어떤 시민이 자신에게 '친숙한 이념들' 중에서 하나를 지지한다면 그(또는 그녀)는 큰 수고 없이 '무엇을 믿거나 선택할지'에 대한 어떤 지침(指針)을 얻게 될 것이다. 그 일반 시민이 공무(公務)를 연구하는데 많은 시간을 쓰는 것이 합리적이지 않으며, 그 대신 그(또는 그녀)가 좌파 또는 우파 이념을 거의 또는 전혀 비용을 들이지 않고 획득할 수 있다면 당연히 그(또는 그녀)는 정치적 토론에서 어떤 입장을 취해야 할지를 결정하거나 투표에서 누구를 선택할지를 결정할 때 이념에 크게 의존할 것이다. 다른 많은 사람들도 이와 같이 행동할 것이다. 따라서 이념은 사람들에게 어떤 일반 정책이나 어떤 정당이 자신이나 사회를 위해 최선(最善)인지를 결정하는 데 중요한 역할을 한다. 이것은 사실인가? 분명히 '일반 시민들'이 하는 대부분의 투표는 이념(또는 정당 소속(party affiliation)이나 당적, 이것은 종종 이념과 거의

23) **[원문 각주 4]** Downs, A., *An Economic Theory of Democracy*, New York: Harper, 1957.

같은 역할을 함)에 의해 큰 영향을 받는다.

물론, 일반 시민들의 합리적 무지로 인해 '이념'이 현대인의 생활에서 중요한 역할을 하는 유일한 이유는 아니다. 다시 말하면, 공무에 대해 합리적으로 무지하려는 일반 시민들만이 이념에 의존하는 것은 아니다. 이러한 조건은 우리가, (1) 공무에 대해 잘 알고 있는 사회과학자들, 언론인들이나 정치인들과, (2) 공무에 대해 특히 잘 알고자 하는 강한 직업적 유인을 가진 사람들도 매우 '이념적'이라는 사실에 주목하는 순간 명백해진다. 분명히 일부 사람들은 자신이 공무에 대해 잘 알고 있음에도 그들을 매우 이념적으로 만드는 '심리적 속성'이나 '정치적 유인'을 가지고 있다. 이러한 속성과 유인에 대해서 이 책에서는 더 자세히 다루지 않을 것이다. 그러나 나는 이러한 요인들이 일반 시민들의 합리적 무지와 상호 작용하여 공무나 투표 결정 과정에서 '친숙한 이념들과 정치적 슬로건들이 현대 사회에서 매우 중요한 역할을 한다'는 점을 보여 주고자 한다. 즉, 오늘날 민주사회에서 '일반 시민들의 합리적 무지'나 '심리적 속성'과 '정치적 유인들'이 한데 어울려 사람들은 정보 획득 노력과 이성적 판단보다는 자신의 친숙한 좌파 또는 우파 이념들과 정치적 슬로건들에 따라 공무를 결정하려 한다.

7. 이념과 경제성과: 민주사회에서 이념은 경제성과를 설명하지 못한다.

그렇다면 민주주의 사회에서 이념은 경제성과에 얼마나 기여하는가? 우리 모두가 알고 있듯이 오늘날 이념적·정치적 논쟁의 중심은 '정부의 적절한 역할', 특히 '정부가 가난한 사람들을 지원해야 하는 정도'에 대한 논쟁에 맞추어져 있다. 우파, 특히 고전적 자유주의(Classical liberal)나 자유방임적(laissez faire) 우파의 주요 주장에 따르면, (1) 정부 개입의 증가가 경제성과와 개인의 자유를 저해하고, (2) 저소득층을 위한 과도한 복지 국가 프로그램들은 사람들의 일하고 저축할 유인을 감소시켜 왔다고 말한다.

반면에 좌파의 가장 일반적인 주장은 오늘날 우리 사회가, (1) 사회가 바람직한 방향으로 발전하도록 하고, (2) 특히 시장을 통해 적당한 소득을 벌지 못하는 가난한 사람들의 필요를 충족시키기 위해 민주 정부(국가)가 나서서 그들에게 '온정적인'(compassionate) 공급을 하도록 정부가 가진 재원들과 계획들을 사용하는데 결코 두려워해서는 안 된다고 말한다.

이념적 논쟁에 대한 이러한 '선입견'에 비추어 볼 때, 그러한 논

[표 3] 이념과 그 주장 및 증거

이념	주장	증거
우파 또는 고전적 자유주의	(1) 정부 개입의 증가가 경제성과와 개인의 자유를 저해하고, (2) 저소득층을 위한 과도한 복지 국가 프로그램들은 사람들의 일하고 저축할 유인을 감소시켜 왔다!	(1) 정부의 역할이 가장 작고, (2) 저소득층에 대한 소득재분배가 가장 적은 사회들이 가장 빠르게 성장했고, 1인당 소득이 가장 높았음을 체계적으로 찾아내야만 함.
좌파 또는 민주적 사회주의	(1) 사회가 바람직한 방향으로 발전하도록 하고, (2) 특히 시장을 통해 적당한 소득을 벌지 못하는 가난한 사람들의 필요를 충족시키기 위해 민주 정부(국가)가 나서서 그들에게 '온정적인' 공급을 하도록 정부가 가진 재원들과 계획들을 사용하는데 두려워해서는 안 된다!	(1) 정부의 역할이 더 크고, (2) 가난한 사람들에 대한 소득재분배가 더 관대한 사회들에서 가장 인상적인 경제성과와 최소한 가난한 사람들의 생활수준이 가장 많이 향상되었음을 찾아내야만 함.

주: 역자가 정리한 표임.

쟁에서 양측이 '상이한 국가들과 역사적 기간들'에서 우파 또는 좌파 이념을 바탕으로 경제성과를 설명하는데 얼마나 잘 성공했는지 또는 실패했는지에 대한 연구가 거의 이루어지지 않았다는 사실을 알면 그저 놀랍기만 하다. 만약 우파 또는 고전적 자유주의 측의 주장이 옳다면 우리는, (1) 정부의 역할이 가장 작고, (2) 저소득층에 대한 소득재분배가 가장 적은 사회들이 가장 빠르게 성장했고, 1인당 소득이 가장 높았다는 사실을 체계적으로 찾아내야만 한다.

반면에 좌파 또는 민주적 사회주의 측의 주장이 옳다면 우리는, (1) 정부의 역할이 더 크고, (2) 가난한 사람들에 대한 소득재분배가 더 관대한 사회들에서 가장 인상적인 경제성과와 최소한 가난한 사람들의 생활수준이 가장 많이 향상되었다는 사실을 찾아내야만 한다.

또한 우리는 국가들 간의 이념 비교뿐만 아니라 '역사적 기간들 간의 변화'를 살펴봄으로써 우파 또는 좌파라는 '친숙한 이념'을 실증적으로 검증할 수도 있다. 서로 다른 역사적 기간들에서 정부의 역할과 정부에 의한 소득재분배의 정도가 다르기 때문이다.

(1) 일본: 특별한 경우인가?

이제까지 몇몇 사람들만이 현대 민주주의 사회에서 위에서 설명한 중심적인 논쟁에 대한 '증거'를 실증적으로 살펴보았다. 그중에 한 명이 영국의 데이비드 스미스(David Smith)이다. 스미스는 1975년에 영국 『내셔널 웨스트민스터 은행 리뷰』(*National Westminster Bank Review*)에 발표한 논문[24]에서 여러 선진 민주주의 국가들에서 '정부가 사용하거나 처리한(지출한) 국민소득 또는 국내 총생산(GDP)'의 백분율(즉, GDP 대비 정부 지출)을 조사한 후, 그들 각국에서 이 변수와 경제성장률 간의 관계를 실증적으로 검증해 보았다. 내가 판단하기에 스미스는 단지 약하고 의심스러운 상관관계만을 발견한 것으로 보인다. 특히 스미스는 그들 간의 관계가 '음(-)의 상관관계'를 가지고 있음을 강조했다. 즉, 정부의 역할이 더 큰 사회들에서 경제성장률이 다소 느린 것으로 나타났다. 그러나 그 상관관계가 너무 약해서 만약 우리가 통계적(실증적) 검증에서 여러 면에서 특별한 국가인 '일본'을 제외시킨다면 그러한 상관관계마저도 사라질 것이다. 일본은 다른 주요 선진 민주주의 국가들보다 공공부문이 더 작고 경제성장은 더 빠르다. 따라서 일본의 경우 정부 역할과 경제성장 간에 강한 상관관계가 존재한다고 볼 수 있다.

또한 위드(Erich Weede, 1984)도 좀 더 최근의 자료를 사용하여 검증한 결과 '정부가 세금으로 가져가는 국민 총생산 비중'과 '1인당 소득 증가율' 간에 음(-)의 상관관계가 존재함을 발견했다.[25] 그러나 위드의 검증 결과도 결정적으로 일본에 의존하고 있다. 위드는 또

24) **[원문 각주 5]** Smith, David, "Public Consumption and Economic Performance," *National Westminster Bank Review*, Vol. 11, 1975, pp. 17~30.

25) **[원문 각주 6]** Weede, Erich, "Democracy, Creeping Socialism, and Ideological Socialism in Rent-Seeking Societies," *Public Choice*, Vol. 44, No. 2, 1984, pp. 349~366.

한 '사회당 정부나 연합 정부'가 '경제성장률'에 어떤 영향을 미치는지를 검증해 보았지만, 통계적으로 유의미한 상관관계를 찾지 못했다.

최광(Kwang Choi, 1983)은 자신이 저술한 책인 『비교 경제성장론』[26]에서 '정부지출 및 이전지급'[27]과 '경제성장률' 간에(또는 '정부지출 및 이전지급'과 '투자 수준' 간에) 어떤 상관관계가 있는지를 실증적으로 분석하였다. 그러나 최광은 '정부 역할'과 '경제성장률' 간에 강한 상관관계를 발견하지 못했다.

(2) 영국의 경우

이러한 문제에 관한 몇몇 다른 연구들 중의 하나는 영국의 경제 전문 일간지인 파이낸셜 타임스(*Financial Times*)의 저명한 경제 저널리스트인 새뮤얼 브리튼(Samuel Brittan, 1978)이 쓴 논문이다. 브리튼은 1978년에 '영국병'(British disease)[28]에 관한 훌륭한 논문을 출간했다. 이 논문에서 브리튼은 영국 경제의 '놀라울 정도로 저조한 성과'를

26) **[원문 각주 7]** Kwang Choi, *Theories of Comparative Economic Growth*, Ames: Iowa State University Press, 1983.

27) **[역주]** '이전지급'(移轉支給)이란 '재화나 용역의 급부와는 관계없이 행하여지는 지급'을 말하며, 연금, 유족 원호금, 육영 자금, 보조금, 보험금 등을 말한다.

28) **[원문 각주 8]** Brittan, Samuel, "How British is the British Sickness?," *Journal of Law and Economics*, Vol. 21, October 1978, pp. 245~268.

영국에서, (1) '국가(정부)의 역할'이나, (2) '저소득층에 대한 소득재분배의 정도'로는 분명히 설명할 수 '없다'고 주장했다. 브리튼은 영국을 유럽의 이웃 국가들과 비교해 볼 때 '정부가 소비하거나 이전하는 국가 자원(즉, 국민소득)의 비율' 면에서 유럽 국가들의 평균과 '크게 다르지 않다'는 사실을 발견할 수 있다고 지적했다. '정부가 소비하고 이전하는 국민소득의 비율' 면에서 영국이 사실상 네덜란드, 스웨덴, 노르웨이, 서독보다 더 낮았지만, 후자의 국가들이 영국보다 전후에 훨씬 더 나은 경제성과를 누렸다. 다시 말하면, 영국이 '정부가 소비하고 이전하는 국민소득의 비율' 면에서 네덜란드, 스웨덴, 노르웨이, 서독보다 더 낮았지만, 후자의 국가들보다 전후에 훨씬 '더 나쁜' 경제성과를 기록하였다. 그러나 이러한 관찰만으로는 영국에서 '정부의 역할'이 영국의 '저조한 경제성과'를 설명하는 주요 요인이 되지 '못할' 것이다.

그러나 브리튼은 영국의 '역사적 패턴'을 살펴봄으로써 훨씬 더 설득력 있는 증거를 제시했다. 브리튼은 (1) 영국 경제가 19세기 마지막 20년 동안 비슷한 유럽 국가들의 경제성장률에 '뒤처지기' 시작했다고 지적했다. 그 당시 영국과 대영제국은 세계에서 유례가 없을 정도로 '이상적인 자유방임주의 정부'(ideal laissez-faire government)에 가장 가까웠다. 나는 브리튼의 주장에 더하여 (2) 상대적으로 '느린' 영국의 경제성장이 양 대전(大戰) 사이 기간(즉, 1919~1938년) 동안에도 계속되었고, (3) 제2차 세계대전 이후에 더욱 '두드러졌다'는 사실도 덧붙이고자 한다. 특히 제2차 세계대전 이후에 영국은, (1) 종종 '민주적 사회주의 정부들'을 경험하였고, (2) '복지 국가'도 탄생했다. 따라서 영국은 제2차 세계대전 이후에 자유방임주의 정부들, 온건한 보수주의 정부들, 노동당 정부 또는 민주적 사회주의 정부들 하에서도 '똑같이' '느린 경제성장'을 경험하였다.

(3) 실증적 증거

마지막으로, '경제성장률'과 '정부지출 및 이전지급의 규모' 간의 상관관계가 없다는 사실을 그림을 통해 명확히 보여 주고자 한다. 다음 [그림 1]에서 세로축은 1950~1979년까지의 '연평균 1인당 소득의 증가율'을 나타내고, 가로축은 1955년, 1965년 그리고 1975년의 '정부지출 및 이전지급에 사용되는 GDP의 평균 백분율'을 나타낸다. 이 책은 영국과 관련된 선진 민주주의 국가들과의 비교에 관심이 있기 때문에 [그림 1]에 포함된 국가들은 주로 자료 입수가 가능한 OECD 회원국들이다.

[그림 1]에 의하면 일본을 제외하고는 '정부지출 및 이전지급의 규모'(즉, 정부의 역할)와 '경제성장률' 간에 명확한 상관관계가 없음

[그림 1] '경제성장'과 '정부지출+이전지급액' 간의 상관관계: 1950~1979년

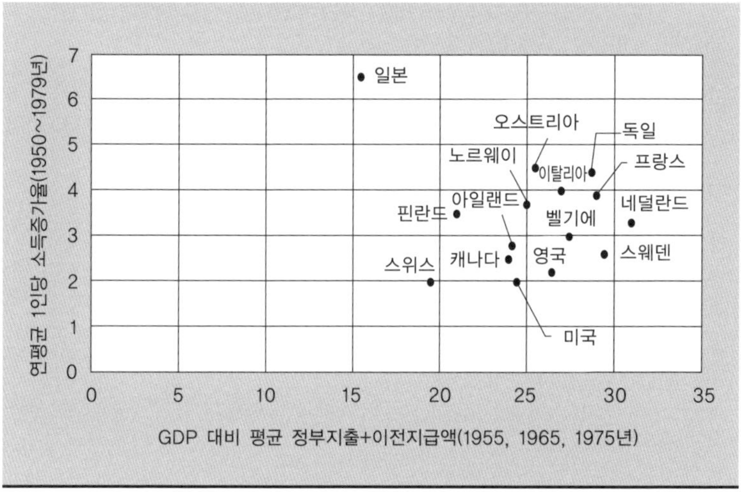

을 분명히 알 수 있다. 물론 정부지출 및 이전지급의 규모는 경제성장률에 영향을 미칠 수 있지만, 그 영향은 다른 요인들에 의해 분명하게 나타나지 않을 수 있다. 나는 사실상 정부의 역할이 경제성장률에 '어느 정도' 영향을 미친다고 기대한다. 그러나 실증적 증거에 따르면 우리가 '정부의 역할'과 '복지 국가'에 대한 압도적인 이념적 선입관으로부터 기대할 수 있는 것만큼 그 상관관계가 그다지 강하지 않다는 것을 알 수 있다.

8. 경제성장, 정부지출, 소득분배: 역사적 관점

나는 이제 (1) 위에서 설명한 이론적 또는 실증적 관점보다 '역사적 관점'에서(특히, (i) 제1차 세계대전 후에서 제2차 세계대전 발생 전까지의 기간 동안과, (ii) 제2차 세계대전 후 기간 동안), (2) 어떤 '역사적 기간들'에서 '경제성장이 가장 인상적이었는지'를 알아보고, (3) 그런 다음 각 역사적 기간에 '정부의 역할과 소득재분배의 정도'가 어떠했는지 – 즉, 그들 간에 어떠한 상관관계가 존재했는지 – 에 관해 살펴보고자 한다.

만약 우리가 19세기로 되돌아간다면 영국에서는 커다란 정도로, 미국에서는 어느 정도, 그리고 유럽 대륙에서는 작은 정도로 '자유방임주의 정책들'(laissez-faire policies)이 우세했음을 알 수 있다. 우선, 영국과 그 거대한 제국은 '자유방임주의적인 국내 정책'뿐만 아니라 대외적으로 '자유무역정책'을 실시하였다. 다음으로, 미국은 (철도에 대한 막대한 보조금을 제외하고) 국내적으로 자유방임주의에 가까운 정책들을 취하고 있었지만, 대외적으로는 확실히 자유무역정책을 실시하지 않았다. 마지막으로, 유럽 대륙의 몇몇 국가들도 미국과 유사하였다.

그러나 19세기에 세계 전체는 그 어느 때보다 '자유방임주의와 자유무역'에 더 가까워졌다. 19세기는 또한 '인상적인 경제성과'를 보여 준 시기였다. 따라서 19세기에는 자유방임주의와 인상적인 경제성과가 함께 존재하였다. 그러므로 보수적이거나 고전적 자유주의의 입장에서 이러한 증거는 자칫, (1) 국가의 역할을 제한해야 하며, (2) 저소득층에 대한 소득재분배가 근로와 저축 유인에 미치는 악영향을 경계해야 한다고 주장하는 근거를 제공해 줄지도 모른다. 그러나 19세기의 증거만으로 이러한 결론을 내리는 것은 성급할지도 모른다. 좀 더 구체적으로 살펴보기로 하자.

(1) 양차 대전 사이 기간(즉, 1919~1938년) 동안

먼저, 양차 대전(大戰) 사이의 기간을 살펴보기로 하자. 제1차 세계대전(1914~1918년) 후에서 제2차 세계대전(1939~1945년) 전까지의 기간(즉, 1919~1938년)은 상당히 달랐다. 제1차 세계대전과 제2차 세계대전 사이의 기간은 완전한 복지 국가(welfare state)의 수립 – 일반적으로 복지 국가의 확립은 제2차 세계대전 이후에 발생하였음 – 을 실제로 보지는 못했지만, 이 기간은 여전히 제1차 세계대전 이전 기간(즉, 1914년 이전)과는 비교할 수 없을 정도로 높은 수준의 보호무역주의(protectionism)와 경제적 민족주의(nationalism)를 띰으로써 큰 차이를 보였다. 이러한 보호무역주의와 높은 관세 부과는 양차 대전 기간의 경제사(經濟史)에서 가장 두드러진 특징이었다. 이 당시 대영제국(British Empire, 영국 본국 및 그 식민지와 자치령의 속칭)도 자유무역을 포기했다. 오늘날 우리가 잘 알고 있듯이 양차 대전 사이의 기간은 경제성과가 매우 부진하였으며, 무엇보다도 '대공황'(Great Depression, 1929년에 있었던 세계적인 공황을 말함. 보통 '1930년대의 대공황'이라 불림)의 시기였다.

물론, 모든 국가에서 동일한 일들이 일어난 것이 아니라 다른 국가들에서 다른 일들이 일어났다. 아마도 나는 양차 대전 사이의 기간에 대해 '일반적'으로 논의함으로써 너무 총체적으로 말하고 격식을 차리지 않고 있을지도 모른다. 그래서 잠시 그 당시 '미국사정'을 한 번 살펴보고자 한다. 당시 미국에서의 전개 과정이 아마 다른 국가들보다 설명하기 조금 더 간단하고 쉬울 뿐만 아니라 교훈적이기 때문이다.

1920년대에 미국은 워런 하딩(Warren Harding, 미국 제29대 대통령(1919~1923년)), 캘빈 쿨리지(Calvin Coolidge, 미국의 제30대 대통령(1923~1929년)), 그리고 허버트 후버(Herbert Hoover, 미국 제31대 대통령(1929~1933년)) 대통령 하에서의 정부들은 보수적이고 친기업적(pro-business)이었다. 이러한 대통령들은 보수적인 공화당 출신이었을 뿐만 아니라 정부의 역할과 가난한 사람들에 대한 이전지급을 '최소한의 수준'으로 유지하기를 원했다. 동시에 이들 대통령은 매우 높은 수준의 보호무역을 지지했다. 특히, 포드니-매컴버(Fordney-Macomber) 관세가 부과되었고, 마침내 대공황이 시작되자마자 엄청나게 보호적인 「스무트-홀리(Smoot-Hawley) 관세법」(1930년에 제정된 미국의 고(高)관세부과법)이 의회에서 통과되었다. 그 결과 미국 경제는 하딩 대통령과 쿨리지 대통령 하에서뿐만 아니라 후버 행정부의 초기에도 상당히 좋은 성과를 거두었다.

그리고 나서 미국과 전 세계가 일찍이 경험한 적이 없는 '가장 깊은 불황'이 시작되었다. 따라서 미국에서 상당한 기간에 걸쳐 통치했던 보수적이고 친기업적인(그러나 보호무역주의적인) 공화당 정부들은 마침내 '대재앙적인 불황'으로 끝나게 되었다. 모든 불황 중에서 가장 깊은 불황이었던 '대공황'은 프랭클린 루스벨트(Franklin D. Roosevelt, 미국의 제32대 대통령(1933~1945년)) 행정부의 뉴딜(New Deal, 미국의 프랭클린 루스벨트 대통령이 1933년에 제창한 경제 부흥과 사회 보장 증진 정책) 정책 하에서 다소 개선되기는 했지만, 실제로 완전히 치유되지는 않았다. 그러나 미국 경제는 제2차 세계대전으로 완전히 회복되었다.

(2) 제2차 세계대전 이후(1945년 이후)의 증거

다음으로, 제2차 세계대전 이후의 기간을 살펴보기로 하자. 이제 제2차 세계대전이 끝난 이후에서부터 1970년 무렵까지의 기간으로 돌아가 보자. 이 기간의 경제사에서 다음 두 가지 사실이 다른 무엇보다도 두드러진다. 첫째, 모든 주요 선진 민주주의 국가들에서 '복지 국가'(welfare state)가 완전히 발달하였고, 그로 인해 각국의 정부가 국민소득의 커다란 부분을 사용(운용)하게 되었다. 둘째, 모든 주요 선진 민주주의 국가들은 이전에 성장했던 것보다 '더 빠르게 성장'했다. 특히 독일, 일본, 이탈리아와 같은 일부 국가들은 놀라운 속도로 성장했다. 또한 영국과 미국과 같이 가장 느리게 성장한 국가들도 그 어느 때보다도 더 빠르게 성장했다.

따라서 이 기간에 서구의 주요 선진국들은 '복지 국가'와 전례 없는 '급속한 경제성장'을 본질적으로 동시에 이룩하였다. 이와 같이 제2차 세계대전 이후의 기간은, (1) 평화 시에 정부의 역할이 가장 크게 증가했으며, (2) 빈곤층에 대한 소득재분배 수준이 가장 높았고, (3) 세계에서 가장 급속한 경제성장을 보여 주었다.

이제, 이러한 결과를 바탕으로 우리는 다음 질문을 제기해 볼 수 있다. 그러면 '큰 정부와 복지 국가'와 '급속한 경제성장' 간에 인과관계가 존재하였는가? 얼핏 보아서는 그들 간에 인과관계가 존

[표 4] 주요 역사적 기간의 경제 상황

기간	특징
제1차 세계대전 이전 (즉, 1914년 이전)	
제1차 세계대전 후~ 제2차 세계대전 전 (즉, 1919~1938년)	• 높은 수준의 보호무역주의와 경제적 민족주의 • 보호무역주의와 높은 관세 부과 • 대영제국도 자유무역을 포기함. • 대공황의 시기였음.
제2차 세계대전 (1939~1945년) 후~ 1970년 무렵까지	• '복지 국가'와 전례 없는 '급속한 경제성장'을 동시에 이룩함. • 평화 시에 정부의 역할이 가장 크게 증가함. • 빈곤층에 대한 소득재분배 수준이 가장 높았음. • 세계에서 가장 급속한 경제성장을 기록함.

주: 역자가 정리한 표임.

재하는 것처럼 보인다. 그러나 20세기 중반의 이러한 관찰은 19세기의 경험과는 부합하지 않는다. 또한 그러한 관찰은 1970년대나 현재(1980년대)의 경험과도 부합하지 않는다. 1970년대와 1980년대에 대부분의 민주주의 국가들에서 복지 국가는 더욱 커졌으나 경제성과는 대체로 나빠졌기 때문이다. 처음에는 복지 국가와 큰 정부는 '급속한' 경제성장을 가져다주었지만, 1970년대 후반과 현재(1980년대)에는 큰 정부와 복지 국가는 '저조한' 경제성장을 수반하였다.

이 책을 읽고 있는 독자들은 위에서 내가 제기한 인과관계에 대

[표 5] 복지 국가와 경제성장 간의 인과관계

기간	복지 국가와 급속한 경제성장 간의 인과관계
19세기	존재하지 않았음.
20세기 (제2차 세계대전 후)	존재함. (즉, '큰 정부와 복지 국가'는 '급속한 경제성장'을 가져다줌.)
1970년대~1980년대	존재하지 않았음. (즉, '큰 정부와 복지 국가'는 '저조한 경제성장'을 가져다줌.)

주: 역자가 정리한 표임.

한 질문이 너무 크고 관련된 증거의 양이 방대해서 이 문제를 자세히 살펴보지 않고서는 "어떤 결론도 내릴 수 없다"고 말할지도 모른다. 그럼에도 불구하고 나는 편견이 없는 독자들이 국가의 역할과 경제성장률에 대한 기초적인 증거들로부터 하나의 '명확한 그림(결론)'이 나오지 않을 것이라는 데 어느 정도 동의할 것이라고 생각한다. 국가의 역할과 경제성장률에 대한 명확한 상관관계가 왜 존재하지 않는가? 그 이유로 다음 세 가지 가능성을 '예상'해 볼 수 있다.

첫째, 정부의 역할과 저소득층에 대한 소득재분배(즉, 복지 국가)의 정도에 대한 '거의 보편적인 선입견'을 감안해 볼 때 이념적 논쟁의 어느 한쪽(즉, 우파 또는 좌파)이 자신의 주장이 옳다면 그들은 "어떤 식으로든 상관관계에 대한 정말로 명확하고 확실한 증거를 제공해야만 한다"고 예상할 수 있다. 예를 들면, 우파의 주장이 옳다면 그들은 작은 정부(또는 작은 복지 국가)가 높은 경제성장을 가져다준 확실한 증거를 제시해야만 한다. 둘째, 이 문제에 대한 사람들의 커다란 관심을 고려해 볼 때 누군가가 "정부의 역할과 경제성장률 간에 강력한 상관관계가 존재한다"는 증거를 보여 주었을 것이라고 예상할 수 있다. 그러나 내가 아는 한 아무도 그러한 증거를 보여 주지 않았다. 마지막으로, 대부분의 사람들의 정치적 선택이 주로 '정부의 역할이 무엇이 되어야 하는지'(즉, 정부의 '규범적' 역할)에 초점을 맞춘 '이념들'에 의해 좌우된다면 그러한 강한 신념은 국가의 역할과 경제성과에 대한 '명확하고 확실한 증거들'에 기초했다고 예상할 수 있다. 그러나 그러한 명확하고 확실한 증거들은 존재하지 않는다. 따라서 이와 같은 이유로 국가의 역할과 경제성장률 간의 상관관계에 대해 아직은 어떤 명확한 결론을 내릴 수 없다.

이제까지 역사적으로 살펴보았듯이 '정부의 규모'(예를 들면, 큰 정부나 작은 정부)와 '정부가 채택하는 이념' – 예를 들면, (i) 고전적 자유주의나 자유방임주의와 같은 우파 이념, 또는 (ii) 복지 국가와 같은 좌파 이념 – 이, (1) '경제성장률이나 1인당 소득수준'에는 뚜렷한 효과를 미치지 않지만, (2) 저소득층의 생활수준에는 강한 영향을 미칠 가능성이 존재한다. 일반적으로 경제성장률에 관한 자료보다 저소득층의 생활수준에 대한 자료가 더 적기 때문에 우리는

[표 6] 정부 규모 및 이념과 실증적 증거

독립변수	결과 및 증거
정부의 규모 ((i) 큰 정부나 (ii) 작은 정부)	(1) 정부 규모가 경제성장률(또는 1인당 소득수준)에 뚜렷한 영향을 미치지 않음. (2) 정부의 이념이 경제성장률(또는 1인당 소득수준)에 뚜렷한 영향을 미치지 않음. (3) 정부 규모(또는 정부의 이념)가 저소득층의 생활수준에는 강한 영향을 미칠 가능성이 있지만, 확실한 증거는 없음.
정부가 채택하는 이념 ((i) 고전적 자유주의나 자유방임주의와 같은 우파 이념, 또는 (ii) 복지국가와 같은 좌파 이념)	

주: 역자가 정리한 표임.

'정부의 규모나 이념'과 '저소득층의 생활수준' 간의 상관관계에 관한 결론을 내리는 데에 극히 신중해야 한다. 그러나 (3) 기존의 연구들에 따르면 '정부의 규모나 이념'이 '저소득층의 생활수준'과 관련되어 있다는 확실한 증거는 없다.[29)]

29) **[원문 각주 9]** 정부의 이념과 소득분배 간에 상관관계가 존재하는지 또는 존재하지 않는지에 관한 많은 관련 연구들은 위드(E. Weede, 1982) 논문에 잘 요약되어 있다: Weede, Erich, "The Effects of Democracy and Socialist Strength on the Size and Distribution of Income," *International Journal of Comparative Sociology*, Vol. 23, No. 3-4, 1982, pp. 151~165. 또한 관심 있는 독자들은 다음 책과 논문들도 참고하기 바란다: Kuznets, Simon, *Modern Economic Growth: Rate, Structure, and Spread*, New Haven, Conn.: Yale University Press, 1966; Sawyer, Malcolm, "Income Distribution in the OECD Countries," *OECD Occasional Studies*, July 1976; Economic and Scientific Research Foundation, *Trends in Income Distribution: A Comparative Study*, New Delhi, [역주] 연도 미상.

9. 이제까지의 논의 요약

이 책에서 우리는 "'기득이익'(vested interests)에 비해 아이디어(ideas)가 압도적으로 중요하다"는 케인스의 호소력 있는 확언(確言)으로 시작했다. 케인스의 이러한 주장은 영국에서 적어도 '19세기'에는 사실이었다! 그러나 20세기의 영국의 사정은 케인스의 그러한 견해에 큰 지지를 보내기 어렵다. 영국은 그동안 '경제사상'에서 선두주자였으며, 특히 20세기 대부분의 기간 동안 '논쟁의 여지가 없는' 선두주자였다. 그러나 20세기에 걸쳐서 영국의 1인당 소득수준은 비교가 가능한 다른 국가들에 '크게 뒤처지게' 되었다. 이러한 현상을 어떻게 설명할 것인가? 우리는 '조직화된(또는 집단화된) 이익'을 바탕으로 이러한 '영국병'(British disease)을 설명할 수 있다. 조직화된(또는 집단화된) 이익으로 영국병을 설명한다면 대부분의 다른 국가들에서처럼 영국의 경우에도 사실에 아주 잘 부합한다.

아이디어가 경제성과에 더 큰 영향을 미치지 못하는 한 가지 이유는 시민들의 '합리적 무지' 때문이다. 즉, 시민들(단, 공무와 관련된 전문 학자들이나 직업인들이 아닌 경우)은 '어떠한 경제정책들과 제도들이 사회적으로 최상의 결과를 가져다줄지'에 관해 알아보는데 자발적으로 상당한 비용을 부담하려 하지 않기 때문이다. 따라서 선진 민주주의 국가들의 일반 시민들은 일반적으로 '친숙한 이념' 중 어느 하나(즉, 우파 또는 좌파 이념)를 자신이 무엇을 믿고 누구에게 투표할 것인지를 결정하기 위한 하나의 '값싼 지침'으로 받아들이게 된다. 그러나 그러한 이념들 중 '어느 것'도 우수한 경제성과를 가져오는 정책들을 규칙적으로 생산해 내지 못해 왔으며, 또한 선진 민주주의 국가들에서 '정부의 이념'과 '경제성과' 간에 강하고 안정적인 상관관계를 보여 주지 못하고 있다.

19세기 중반 영국에서처럼 경제지식(經濟知識)의 발전이 '대중적 이념'(popular ideology)을 통해 '우수한 정책들'로 나타나는(전환되는) 경우도 있었지만, 이러한 경향은 역사적으로 강하거나 규칙적(지속적)이지 않아 왔다. 이 책의 앞에서 설명한 '집단행동과 제도적 경화'에 대한 나의 주장이 옳다면 '친숙한 이념'은 일반 사람들이, (1) '국가(정부)의 역할'에만 과도하게 초점을 맞추도록 부추김으로써 사회적으로 커다란 피해를 끼친다. 즉, 우파의 경우 고전적 자유주의를 바탕으로 '작은 정부'만을 주장하고, 좌파의 경우 복지 국가의 실현을 바탕으로 '큰 정부'만을 주장한다. 이로 인해 일반 사람들은, (2) 종종 경쟁시장들에 가장 중요한 장애물인 담합과 카르텔화, 그리고 (3) 가장 해로운 정부 개입의 주요 궁극적인 원천인 로비에 대해서는 간과하게 된다. 따라서 선진 민주주의 국가들의 경우에 친숙한 이념들 중 어느 하나가 다른 이념을 누르고 승리하는 것만으로는 사회적으로 '제도경화증'(制度硬化症, institutional sclerosis)을 없애기에 충분하지 않을 것이다. 어느 한 이념의 승리 자체가 제도경화증을 초래할 수 있기 때문이다. 예를 들어, 선거에서 '어떤 이념(우파 또는 좌파)의 승리'는 일반 사람들의 합리적 무지와 담합과 카르텔화, 로비 등에 대한 간과로 필연적으로 제도경화증이 초래될 것이다.

이제, 우리는 위에서 설명한 이론적 및 실증적 근거(즉, 일반 사람들의 '합리적 무지'와 그 대체재로서의 '이념 의존' 경향)를 바탕으로, "(1) 아이디어보다는 기득이익이 일반적으로 '우세' 할 것"이며, (2) "더 나은 아이디어(better idea)가 사회적 결과에 '미미한' 영향만 미칠 것"이라는 기대를 가지게 될 것이다. 그러나 이러한 기대는 '아이디어가 때때로 사회적으로 큰 영향을 미칠 수 있다'는 상식적인 개념과 부합하지 않는다. 그러한 기대는 또한 내가 쓴 『국가의 흥망성쇠』(*The Rise and Decline of Nations*)와 이 책의 앞에서 제시한 "제도경화증에 대한 해독제가 더 나은 이해다"(better understanding)라는 나의 주장과도 부합되지 않는다. 따라서 우리는 이제 '더 나은 아이디어가 사회적 선택들을 바꿀 수 있는 길' – 즉, 제도경화증을 치유할 수 있는 방법 – 을 찾아야 한다.

10. 외세에 의한 영토 정복, 새로운 국경지대로 이주, 그리고 막다른 골목에서의 타협안: 아이디어가 승리하는 일반적 경로

(1) 구소련의 경우

먼저, 19세기에 한 명의 위대한 경제학자였던 칼 마르크스(Karl Marx, 1818~1883년)의 사상(즉, '마르크스주의' 또는 사회주의 사상)이 구(舊)소련(소비에트 연방, 1991년에 해체됨)과 다른 공산주의 국가들의 '제도들과 정책들의 패턴'에 결정적인 영향을 미쳤다는 사실은 의심의 여지가 없다. 이들 국가에서 '칼 마르크스의 사상'이 '제도들과 정책들의 패턴'에 어떻게 영향을 미쳤는가? 이들 국가에서는 아이디어가 기득이익을 누르고 승리했기 때문이다. 이들 국가에서 '조직화된 기득이익'은 '마르크스의 사상'이 제도들과 정책들에 결정적인 영향을 미치는 것을 막지 못했다(마르크스의 사상은 나중에 레닌(Lenin, 1870~1924년, 구소련의 혁명가)과 스탈린(Stalin, 1879~1953년, 구소련 정치 지도자)에 의해 발전되었음). 이러한 경험은 어떤 국가나 사회에서 기득이익을 누르고 '아이디어가 승리하는' 하나의 일반적인 경로를 제시해 주고 있다. 당시 소련에서는 러시아 차르(Tsar, 제정 러시아 시대의 황제), 귀족, 군대, 관료집단과 같은 기득권층들이 러시아에서 '마르크스주의[30](Marxism)의 진전'에 오랫동안 저항했지만, 제1차 세계대전(1914~1918년)에서 우세한 독일군이 러시아 기득권층의 배후 세력들을 제거했다(또한 당시 독일군은 레닌에게 독일을 거쳐 상트페테르부르크(St. Petersburg, 제정 러시아의 수도)까지 가는 기차 통로를 제공해 주었다). 이로 인해 제정(帝政) 러시아(Imperial Russia)의 기득권 세력은 매우 심하게 파괴되어 1917년 초 (당시에 그다지 잘 조직되지 않은) '자유혁명군'에 의해 패배하기조차 했다.

또한 레닌은 이러한 사실을 깨닫고, 다른 볼셰비키[31](Bolshevik)들과는 달리 '자유주의 정부'의 현대적이고 민주적이며 대중적인 속성이 '소수에 의한 봉기(蜂起)' 가능성에 큰 영향을 미치지 않을 것이라는 점을 감지하였다. 그러나 레닌은 놀랍게도 '자유주의 정부'가 아직 제대로 조직화되지 못했고 잘 통합되어 있지 않음으로써 '소수에 의한 봉기'가 일어날 수 있음을 알아차렸다. 레닌의 이러

30) **[역주]** 마르크스와 엥겔스가 제창한 '혁명적 사회주의 이론'으로 생산 수단의 사회화에 따른 무계급 사회의 실현을 꾀한다.
31) **[역주]** 1917년 혁명 후 정권을 잡은 28명의 러시아 사회민주노동당의 일원으로서 지도자였다.

한 감지력은 그가 가진 천재성의 일부에 불과했다. 레닌은 그러한 감지력을 바탕으로 러시아에 '레닌주의'[32](Leninism)를 전파하는 데 성공하였다.

이제까지 살펴본 '마르크스-레닌주의 사상'(Marxist-Leninist ideas)은 어떻게 사회적 결과에 압도적인 영향력을 미칠 수 있었는가? 만약 우리가 복잡한 역사적 사건을 한 문장으로 요약할 수 있다면 '마르크스-레닌주의(즉, 레닌에 의해 계승되어 발전한 마르크스주의) 사상'이 사회적 결과에 압도적인 영향력을 미칠 수 있게 한 것은 바로, (1) 러시아에서 외세(外勢)에 의해 조직화된 기득권 세력과 이익집단들이 사전에 파괴되었고, (2) 잘 조직화되어 있거나 기성의 반대 세력들이 적었기 때문이다. 반면에 '분권화와 민주주의'의 이점에 대한 오늘날 소련 개혁가들의 사상은 오랫동안 조직화되고 잘 확립되어 있는 반대 세력들에 직면해 있다. 그로 인해 오늘날 소련에서는 '분권화와 민주주의'라는 사상은 사회적 결과에 커다란 영향력을 미치지 못하고 있다.

따라서 일반적인 요점은 "어떤 국가에서 대대적인 파괴가 기득권층이나 조직화된 이익을 무너뜨릴 때(예를 들면, 혁명 후에서처럼) 그

32) **[역주]** 레닌주의(Leninism)란 마르크스의 사상에서 출발하여 그것을 더욱 발전시켰다고 하는 레닌의 사회주의 사상을 말한다. 이는 프롤레타리아 혁명 및 독재에 관한 이론과 전술을 주로 하는 이론이다.

정복자가 그 국가에서 '무엇을 해야 할 것인지'에 대해 가지고 있는 모든 아이디어(사상)는 그 사회에 압도적인 영향을 미칠 수 있다"는 점이다.

(2) 과거 영국과 스페인의 식민지 경우

다음으로, 아이디어(사상)가 어떤 사회(국가)에 확실히 결정적인 영향을 미쳤던 또 다른 종류의 사례를 들어보기로 하자. 이는, (1) 한때 스페인 정착지의 식민지였던 국가들과, (2) 영국 정착지에서 생겨난 식민지였던 국가들을 비교해 보면 다음과 같이 분명히 알 수 있다.

첫째, 스페인어를 사용하는 라틴 아메리카[33](Latin America) 국가들은 호주, 캐나다, 뉴질랜드, 미국(이들 국가는 과거에 영국 식민지였음)과 체계적으로 다를 뿐만 아니라 완전히 다르다. 라틴 아메리카는 한때 영국인들이 정착한 어떤 지역들보다 훨씬 더 높이 평가받았지만, 오늘날 라틴 아메리카 국가들은 영국인들이 초기에 정착한 국가들(즉, 호주, 캐나다, 뉴질랜드, 미국)보다 훨씬 더 낮은 1인당 소득을 가지고 있다. 둘째, 민주주의 제도들의 범위와 지속성은 영국인들

33) **[역주]** 스페인어나 포르투갈어를 주된 언어로 사용하는 아메리카 지역. 과거에 에스파냐와 포르투갈 양국의 식민지였던 지역을 총칭하며 '중남미'라 부른다.

의 정착지역들보다 히스패닉(라틴 아메리카)계 정착지역들에서 현저히 더 적었다. 셋째, 두 종류의 국가 간에 유행하는 아이디어들도 크게 달랐다. 다시 말하면, 대부분의 히스패닉(라틴 아메리카)계 국가들에서 정치 제도들과 경제정책들에 대한 널리 퍼져 있는 아이디어들(prevalent ideas)은 영국의 초기 식민 정착지였던 국가들에서의 아이디어들과 내내 크게 달랐다는 데 모든 측이 동의하고 있다. 마지막으로, 사람들은 두 종류의 국가 간에 존재하는 '시민 문화'의 커다란 차이는 초기 정착민들이 해당 국가들을 식민화했던 그 시기에 영국과 스페인 간의 차이에서 부분적으로 찾을 수 있다는 데에 일반적으로 동의하고 있다. 이처럼 두 종류의 국가 간에는 1인당 소득수준, 민주주의 제도들, 유행하는 아이디어들, 그리고 시민 문화 등에서 큰 차이를 보이고 있다.

이 경우에 '중요한 사실'은 "두 부류의 식민지 개척자들이 '기득권 세력이나 기성 조직들이 없는 새로운 국경지대'로 이주했다"는 점이다. 새로운 국경지대에서 식민지 개척자들은 정착민들의 저항에 잘 견디거나 이보다 더 나아가 그들에게 상당한 영향을 미칠 수 있었을 것이다. 당시 식민지 개척자들은 새로운 국경지대에서 정착민들에게 '어떻게' 영향을 미칠 수 있었는가? 나는 무엇보다도 새로운 아이디어의 영향 때문이라고 생각한다. 또한 나는 "식민지 개척자들이 기득권 세력이나 기성 조직들이 없는 새로운 국경지대로 이주했다"는 사실은 초기 정착민들이 가지고 있었던 아이디어(사상)나 편견의 영향을 설명하는 데 중요하다고 가정한다. 물론 다른 많은 요인들도 매우 중요하다.

그러나 (1) 서로 분리된 영국 식민지들의 수가 너무 많았고(예를 들면, 나중에 미국이 된 13개의 식민지처럼), (2) 옛 스페인 영토에서 생겨난 국가들도 너무 많았으며, (3) 초기에 이주한 사람들이 가지고 있었던 선입견들의 흔적이 너무 뚜렷했었다. 이러한 이유로 우리는 다음과 같은 결론을 거부하기 어려울 것이다. 즉, 초기 정착민들이 새로운 국경지대에서 어떤 제도들과 정책들이 널리 행해져야 하는지에 대해 가지고 있었던 '믿음'(즉, 유행하는 믿음이나 아이디어)을 실행하는 데 기득권 세력이 없어서 '조직적인 저항'이 크지 않았다는 결론에 도달할 수 있으며, 우리는 이러한 결론을 거부하기 어려울 것이다. 그러나 이것은 과연 옳은가?

식민지 시대에 영국과 스페인에서 존재했던 '통속적인 믿음'(popular beliefs, 유행하는 믿음)의 차이는 분명히 별도의 설명이 필요할 것이다. 나는 역사학자가 아니므로 당시 영국과 스페인의 역사를 자세히 비교할 능력이 없다. 따라서 그러한 작업은 관련 전문가들에게 맡겨야 할 것이다. 그럼에도 불구하고 이론적인 마무리를 위해 나는 다음과 같이 무지(無知)하면서도 독창적이지 않은 나의 '직감'을 제시하고자 한다.

우선, 스페인에서는 (1) 역사의 우연에 의해 합스부르크(Hapsburg) 왕가[34]에 명백한 권력을 부여했으며, (2) 권력을 잡은 그들은 자신들이 믿는 가톨릭교를 스페인 신민(臣民)들에게 신봉하도록 했다. 이러한 사실은 스페인에서 '종교적 획일성과 위계적 통제'를 통해 시민의 질서가 쉽게 마련되었다는 것을 의미한다. 이와 대조적으로 영국에서는 특히 17세기에 사회적으로 많은 '종교적(그리고 기타) 다양성'이 있었다. 더욱이 군주제는 심지어 이러한 다양성에 대한 하나의 공통분모였던 개신교(改新教)와도 항상 완전히 일치하지 않았다. 즉, 영국의 군주들은 항상 개신교를 신봉하지 않았다. 물론 영국인들은 처음에 이러한 차이점에 대해 전혀 관대하거나 진보적이지 않았으며, 그로 인해 격렬한 의견 충돌과 심지어 내전(內戰)도 있었다. 그러나 과연 영국에서 종교적 다양성은 실제로 오래 유지되었는가?

그러나 솔직하게 말하면 우리는 다음 두 가지를 추측할 수 있다. 첫째, 영국에서의 경우처럼 다양성과 다양한 세력들은 장기적

34) **[역주]** 합스부르크 가문은 유럽에서 가장 오래되고 가장 광범위한 영토를 갖고 있던 왕가 중 하나이다. 10세기경 슈바벤 남부 지방에 스타르스부르그 주교가 세운 성(城)에서 가문의 이름이 유래하였다.

으로 보았을 때 그 강도가 크게 다르지 않았을 것으로 추측할 수 있다. 둘째, 시간이 지남에 따라 국가에 대해 (스페인에서처럼) 종교적 획일성을 부과하거나 (영국에서처럼) 절대적인 군주 통제를 가하는 일은 기껏해야 비용만 매우 많이 들었을 것이라고 추측할 수 있다. 따라서 이러한 추측을 바탕으로 매우 느슨하게 말하면, 스페인에서의 획일성과 영국에서의 절대 군주제가 더 강력하게 추진되지 못하고 '막다른 골목'(stalemate, 난관 또는 수가 막힘)에 다다르게 되었다.

즉, (1) 어느 정도의 다원성을 수용하고, (2) (완전히는 아니지만) 어느 정도의 종교적인 관용을 허용하고, (3) 왕실 절대주의(즉, 군주제)에 대한 견제를 어느 정도 허용할 필요가 있었다. 이는 획일성과 군주제가 마침내 '막다른 골목'에 이르게 되었음을 의미한다. '막다른 골목'에서 이러한 '타협안'은 영향을 받는 각각의 강력한 이해 집단들에게 '가장 실용적인 해결책'을 제공해 주었다. 따라서 우리는 이러한 막다른 골목(즉, 타협안)에서 홉스(Thomas Hobbes, 영국의 철학자(1588~1679년)로 『리바이어던』(*Leviathan*)의 저자임)보다는 로크(John Locke, 영국의 철학자(1632~1704년))의 아이디어가 더 선호되었음을 알 수 있다.[35]

35) **[역주]** 16~17세기 영국, 정치적 혼란 속에서 평화를 모색하던 **홉스**는 **'만인에 대한 만인의 투쟁'**으로 요약되는 자연 상태에서 벗어나 안전을 보장받기 위해 **"사회계약에 입각한 강력한 국가"**를 수립해야 한다고 주장한다. 이 과정에서 절대군주의 그늘 아래 복종하던 개인이 계약의 주체로 등장하여 정치권

[표 7] 아이디어가 기득권 세력을 누르고 승리한 유형과 사례 및 결과

유형	사례	결과
외세에 의해 영토가 정복된 경우	구소련	마르크스 아이디어가 기득세력을 누르고 승리함.
새로운 국경지대로 이주한 경우	과거 스페인 식민지와 영국 식민지	• 영국 식민지의 경제성과가 더 우월함. • 기득권 세력이 없어서 아이디어를 실행하는데 조직적인 저항이 크지 않음.
막다른 골목에서의 타협안	스페인과 영국	• 다원성, 종교적 관용, 군주제 견제 • 자유주의 사상이나 다원주의 사상이 스페인에서보다 영국에서 더 부합함.

주: 역자가 정리한 표임.

그러나 타협안에 바탕을 둔 자유주의 사상(liberal idea)이나 다원주의 사상(pluralist idea)은 현실적으로 스페인에서보다는 영국에서 더 잘 부합하였다. 다양성(diversity)과 다원주의(pluralism)와 공존하는 것에 대한 더 나은 대안이 없을 때 사람들은 그것에 익숙해지고, 궁극적으로 아마 소수의 사람들은 다양성과 다원주의를 가진 사람들 간에 거래와 여타 상호 작용(즉, 교류)을 통해 상당한 이익을 얻게 될 것이다. 이러한 결과는 우리가 이미 잘 알고 있는 '애덤 스미스(Adam

력의 원천이 된다. 반면에 로크는 '**자연 상태**'를 평화롭고 자유로운 상태로 보고, 개인의 국가에 대한 저항권을 주장하였다. 양자는 주권재민과 자유주의 사상을 공유하고 있었지만, 서로 추구한 바람직한 정치체제의 모습은 달랐다. 홉스는 '강력한 리바이어던'의 통치권 하에 공동체 구성원들이 안전과 평화를 누리는 정치 질서를 바람직한 것으로 생각했던 반면, 로크는 '민주적으로 구성된 의회'에서 결정한 법률에 따라 개인의 자유와 인권이 보장되는 정치공동체가 바람직하다고 생각했다.

Smith) 사상'에 대한 영감이나 지지를 나타낸다.

만약 조직화된 이익집단들 간의 '힘의 균형'(세력 균형)이나 '막다른 골목'이 존재한다면 어떻게 될 것인가? 그러한 경우에는 드디어 '새로운 아이디어'가 승리할 여지(餘地)나 호기(好機)가 생길 것이다. 또한 서로 다른 조직화된 세력들이나 이익집단들이 서로의 힘을 어느 정도 견제(牽制)하거나 상쇄(相殺)할 수 있다면 아이디어는 커다란 영향을 미칠 수 있을 것이다. 예를 들면, 어떤 아이디어가 경쟁하는 세력들이나 이익집단들이 궁지(막다른 골목)에서 빠져나오는데 도움이 된다면 특히 그 아이디어는 큰 영향을 미칠 것이다.

그러나 다음과 같은 세 가지 경우에도 아이디어가 그 영향력을 넘어 때때로 '승리'할 수도 있다. 즉, 첫째 기득권 세력이나 기득이익집단들이 무력으로 파괴되지 '않은' 경우에도, 둘째 (조직화된 세력이나 집단들이 존재하지 않는) 새로운 국경지대가 '없는' 경우에도, 그리고 셋째 세력이나 집단들의 힘을 상쇄하는 '막다른 골목'이 '없는' 경우에도 아이디어는 때때로 승리할 수 있다. 그러한 경우는 어떻게 발생하는가? 심지어 그러한 '경화증이 있는 환경들'[36](sclerotic

36) **[역주]** 이는 (1) 기득권 세력이나 기득이익집단들이 무력으로 파괴되지 '않은' 경우, (2) 조직화된 세력이나 집단들이 존재하지 않는 새로운 국경지대가 '없는' 경우, 그리고 (3) 세력이나 집단들의 힘을 상쇄하는 '막다른 골목'이 '없는' 경우를 말한다.

environments)에서도 더 나은 아이디어(better ideas)가 공공정책에 영향을 미칠 수 있는 길이 있다. 이제 우리는 그 몇 가지 방법들을 살펴보기로 하자.

11. 대중과 엘리트들의 '순수함'

영국과 다른 모든 영어권 국가들에서, (1) 시장에서 활동하는 담합 및 카르텔들과, (2) 정치에서 활동하는 로비들은 사회 전체에 비해 한결같이 '작은' 편이다. 어떤 경우에는 어떤 조직(집단)이 수십만 혹은 심지어 백만 또는 그 이상의 사람들을 회원으로 거느리고 있을 수 있지만, 그러한 조직(집단)들은 모두 사회 전체에 비해서는 작은 편이다. 일반적으로 집단행동을 하기 위한 조직(단체)들은 전체 인구의 1% 미만을 대표하거나 사회의 소득창출 능력의 1% 미만을 대표할 뿐이다.

그러나 집단행동을 하기 위한 조직(단체)들이 사회의 소득창출 능력에서 '큰 비중'을 차지한다면 어떻게 될 것인가? 예를 들면, 오스트리아, 노르웨이, 스웨덴, 그리고 독일의 경우에 집단행동을 하기 위한 개별 조직(단체)들이 그 사회의 소득창출 능력의 '커다란 부분'을 포괄(차지)하고 있다. 그러나 이 경우에 적어도 일시적이고 간헐적이지만[37] 그 개별 조직(단체)들은 자신의 집단행동으로 인해 발생하는 '사중(또는 자중)손실'(死重(自重)損失, deadweight loss)을 염두에 둘 것이다. 왜 그런가? 자신의 회원들이 그러한 사중(자중) 손실의 커다란 부분을 부담할 것이기 때문이다. 따라서 사회들은 각종 담합 및 카르텔과 집단행동을 하기 위한 조직(단체)들로 인해 사회적 효율성과 활력(dynamism)을 잃게 될 것이다. 그러한 사회들이 가지는 문제는 주로 사회 전체를 착취하는 *아주 작은 크기*의 소수자 집단들(소규모 집단들)로부터 발생하는 문제이다. 여기서 '소수자 집단'이란 무엇을 말하는가? 소수자 집단은 어떤 사회(국가)의 인구 면에서나 부(富)의 크기에 비해 매우 작은 경우를 말한다. 예를 들면, 어떤 집단이 전체 인구의 1% 미만을 회원으로 가지고 있거나 그 집단의 소득창출 능력이 GDP의 1% 미만인 경우를 말한다.

그러나 만약 어떤 집단이 비록 수적(數的)으로는 적을지라도 어느 한 국가의 유형자본[38]의 '대부분'을 소유하고 있다면(**역주** 이러한 집단은 '회원 수는 적으나 소득창출 능력이 큰 집단'을 말함), 이 경우에 그

---

37) **[원문 각주 10]** Olson, Mancur, "A Theory of the Incentives Facing Political Organizations: Neo-Corporatism and the Hegemonic State," *International Political Science Review*, Vol. 7, No. 2, April 1986, pp. 165~189.

38) **[역주]** '유형자본'(有形資本)이란 '일정한 형태를 가지고 있는 자본'으로 화폐, 가옥, 토지, 기계 등을 말한다.

집단은 (자신만의 이익이 아니라) '그 사회의 번영'(즉, '포괄적 이익')과 부합하도록 자신이 가지고 있는 조직력(組織力)을 사용할 것이다. 다시 말하면, 그 집단은 '사회적 번영'이라는 '포괄적 이익'(encompassing interests)을 위해 행동하려 할 것이다. 왜 그런가? 이는 그 집단이 자신의 회원들에게 '사회적으로 효율적인' 정책들을 선택하도록 할 유인을 주기에 충분할 정도의 '사회적 소득창출 능력'을 포괄(보유)하고 있기 때문이다. 따라서 어떤 집단이 수적으로는 작으나 사회의 소득창출 능력의 '대부분'을 포괄(차지)하고 있다면 그 집단의 회원들은 '사회적으로 효율적인' 정책들을 선택하려는 유인을 가질 것이다.

(1) 기생적(寄生的)[39] 특별이익 추구 소수집단들이 사회에 끼치는 피해

'시장 결합'(독점화)이나 '특별이익(special-interest)을 얻기 위한 로비 활동'과 같은 경우에 문제는 "어떤 사회에서 투표력이나 부(富)면에서 '아주 작은 소수집단들'이 자신의 그러한 활동들로 인해 사회의 효율성과 활력(역동성)을 떨어뜨림으로써 그 사회의 '나머지(다

39) **[역주]** '기생'(寄生)이란 '다른 생물의 체표(體表)나 체내에 붙어 영양을 섭취하며 생활하는 일'을 말한다.

수의) 사람들'을 착취한다"는 것이다. 그러나 피해자들(즉, 착취당하는 사람들)의 대다수는 자신을 착취하는 사람들(즉, 아주 작은 소수집단들)보다 비교할 수 없을 정도로 더 많은 힘과 투표력, 그리고 부를 가지고 있다. 만약 소규모 분배연합들의 피해자들이 실제로 무슨 일이 일어나고 있는지에 대해 어렴풋이나마 알고 있었다면 그들은 자신의 힘으로 쉽게 막을 수 있었을 것이다.

그렇다면 분배연합의 피해자들은 왜 피해를 보는가? 피해자들은 오로지 자신의 '합리적 무지'와 그로 인해 의존하는 '이념의 결점들' 때문에 피해를 보게 된다. 또한 분배연합의 피해자들은 어떻게 피해를 보는가? 분배연합의 피해자들은 '조직화된 이익집단들'이 주장하는 다음과 같은 선전(宣傳)들에 설득될 수 있다. 첫째, 자격을 갖춘 변호사들만이 부동산을 양도하도록 해야 한다. 둘째, 변호사들만이 법정에서 사건을 재판하도록 해야 한다. 셋째, 낮이나 밤이나 아무 때나 상점을 여는 것은 근로자들에게 피해를 준다. 넷째, 강력한 노조는 실업자들을 도와준다. 다섯째, 전시(戰時)에 기아를 방지하기 위해 평시(平時)에 농부들에게 보조금을 지급해야 한다. 이와 같이 피해자들은 분배연합들의 다양한 선전들에 설득당할 수 있다. 이러한 선전들에 설득당하는 것은 일반 시민들이 공무에 합리적으로 무지하기 위해 '이념에 의존'함으로써 보는 피해에 해당

된다. 그러나 피해자들이 분배연합들이나 조직화된 이익집단들이 하는 말에 선전 당하지 않았다면 그들은 다른 견해를 가지게 되었을 것이다.

이러한 문제를 어떻게 해결할 것인가? 아주 작은 소수집단들이 그러한 문제의 근원(根源)이기 때문에 '합리적 무지'를 극복한다면 우리는 그러한 집단들을 쉽고 빠르게 물리칠 수 있을 것이다. 더구나 어떤 경우에 문제의 바로 그 근원인 어떤 소수집단이 '매우 작아서' – 예를 들면, 인구의 0.5%나 그 미만인 경우 – 인구의 2~3%(또는 종종 그 이하)를 차지하는 '엘리트 계층'이 그 문제를 '이해하게' 된다면(즉, '합리적 무지'를 극복한다면) 이제 그 소수집단은 일반적으로 수적으로 매우 열세가 될 것이다. 따라서 이러한 경우에 때때로 '사회적으로 유용한 아이디어'가 승리할 수 있을 것이라고 충분히 기대할 수 있다. 이는 단지 이러한 아이디어에 대한 반대가 비록 조직화되더라도 그 힘이 약하기 때문이다.

물론, 모든 아주 작은 소수집단들이 합쳐져서 '하나의 다수집단' 또는 몇 개의 다수집단들이 될 수 있다. 그러나 이것은 심각한 문제가 아니다. 왜 그런가? 규모가 작은(소규모) 여러 분배연합들이 있는 어떤 사회에서 각 분배연합의 회원들은, (1) 다른 분배연합들에게 유리한 재분배들로부터 피해를 보게 될 뿐만 아니라, (2) 이러한 재분배들이 수반하는 사회적 비효율성과 혁신에 대한 장애들로부터도 피해를 보기 때문이다. 즉, 재분배를 둘러싼 분배집단들 간의 경쟁으로부터 각 분배연합의 회원들은 피해를 보게 된다.

합리적인 무지가 여기에서도 나타날 수 있다. 그러나 우리는 일부 다른 분배연합들의 활동으로부터 발생하는 사회적 '사중(자중) 손실들'에 대응하려는 어떤 분배연합(들)이 존재할 수 있다. 대표적인 예로 미국 의사협회(American Medical Association)를 들 수 있다. 미 의사협회(AMA)는, (1) 카르텔화를 반대하고, (2) 의료기사들과 간호사들의 가입 제한을 반대하는 공식적인 입장을 취해 왔다. 그러나 자유로운 가입과 경쟁을 찬성하는 미 의사협회의 선호는 정작 의사 자신들에게는 공평하게 적용되지 않았다. 이러한 사실은 미 의사협회 사례가 '매력적'이며, 또한 '제도경화증의 문제'와 '치료법을 찾을 가능성'을 함께 보여 준다.[40)]

어떤 사회에서 어떤 한 분배연합이 어떤 하나의 문제(예, 보조금 수령)에 대해서나 어떤 하나의 시장(예, 노동시장)에서 체계적으로 커

---

40) **[원문 각주 11]** 불행히도 모든 분배집단이 조직되고 각 분배연합에 의한 약탈과 효율성 손실들이 다른 분배연합에 의해 저항을 받는 상황은 결코 일어나지 않을 것이다. 왜 그런가? 일부 대규모 집단들은 자신의 회원들에게 '선택적 유인들'(selective incentives)을 제공하지 못하며, 그로 인해 결코 '스스로' 집단을 조직할 수 없기 때문이다. 이에 대해서는 나의 다음 책을 참고하기 바란다: Olson, Mancur, *The Rise and Decline of Nations*, New Haven, Conn.: Yale University Press, 1982, Implication 1, pp. 37~38.

다란 사회적 손실을 발생시킬 수 있다. 그러나 이 분배연합은 '극소수의 사람(회원)들'만을 대표(예, 전체 인구의 0.5%를 대표)하기 때문에 그 사회 내 '대다수의 사람들'(예, 전체 인구의 99.5%)은 주로 또는 전적으로 이 소규모 분배연합에 속하지 않을 것이다. 다만 이들 중 일부는 종종 다른 '소규모' 분배연합에 속할 수도 있을 것이다. 이 점에서 볼 때 분배연합에 속하지 '않은' 대다수의 사람들은 우리가 이해하고 있는 '전형적인 배심원이나 판사'와 같을 것이다. 어떤 사람이 배심원이나 판사로 선정되었다면 당해 배심원들과 판사는 피고인이나 검사(원고)의 친척이나 친구가 되어서는 안 된다. 왜냐하면 '배심원이나 판사는 해당 사건의 어느 한쪽의 친척이나 친구가 되어서는 안 된다'는 사회적 합의와 법률이 있기 때문이다. 만약 배심원이나 판사로 뽑힌 어떤 사람이 해당 사건의 어느 한쪽의 친척이나 친구라면 이러한 사회적 합의와 법을 따라야 한다. 이러한 이유로 선진 민주주의 국가들은 오랫동안 대부분의 법정 소송이나 재판 사건들에 대해 '공평하고 공명정대한' 판사들과 배심원들을 제공해 왔다. 따라서 어떤 분배연합에 속하지 않은 '대다수의 사람들'은 법정 소송이나 재판 사건들에 참가하는 '배심원들이나 판사들'처럼 '공평하고 공명정대하게' 행동할 것이다.

이러한 논의를 통해 우리는 다음을 추론할 수 있다. 즉, 어떤 분배연합(또는 특별이익집단)에 속한 '소수의' 사람들은 자신의 '특별이익'(special interests)만을 위해 행동하지만, 분배연합(또는 특별이익집단)에 속하지 않은 '대다수의 사람들'은 사회 전체의 '포괄적 이익'(inclusive interests)을 위해 '공평하고 공명정대하게' 행동할 것이다.

(2) 공무 전문가들과 다수 집단들의 공평성: 공무 전문가들과 다수로 구성된 집단들은 공평하게 행동한다!

이러한 배심원들과 판사들과의 '법적 유사성'을 염두에 두고, 이제 언론인들, 정치인들, 경제학자들, 사회학자들, 정치학자들, 공무원들과 공무(公務)에 직업적 관심을 가진 다른 사람들을 살펴보기로 하자. 이러한 직업군에 속하는 어떤 전형적인 사람도 어느 한 사업가나 공장 노동자만큼 '이기적'(self-interest, 사익추구적)일 것이다(더욱이 그/그녀는 아마 공공정책에 대한 논의와 토론에서 이러한 이기심에 대해 '공평한 견해'를 취하는 데 성공하지 못할 것이다). 이러한 직업군에 속하는 사람들은 또한 '적극적인' 분배연합들의 일반 회원이 될 수도 있다. 예를 들면, 어떤 언론인이나 학자가 로비집단이나 언론인노동조합 또는 학자노동조합에 가입할 수 있다. 그러나 일반적으로 사회는 그 사회 내 다른 일반 분배집단들의 활동으로부터 뿐만 아니라 이러한 '전문직' 분배연합들의 활동에 의해서도 사회적으로 피해(즉, 사중손실)를 보게 될 것이다.

그러나 (1) 공무(公務)의 이면 또는 저면에 대해 정통(精通)함으로써 직업적으로 보상을 받고, (2) 그로 인해 합리적으로 무지하지 않은(또는 사회의 이익을 위한 특정 전문 분야에서 일하는) 이러한 전문직 종사자들은 다음과 같은 견해를 가질 것이다:

(1) 자신을 제외한 대부분의 다른 분배연합들이 하는 주장들과 활동들에 대해 비교적 '공정'(公正)할 뿐만 아니라, (2) 자신의 직업과 특별히 관련이 없는 대부분의 공공 문제들에 대해서도 비교적 '공평무사'(公平無私)할 것이다.

이러한 전문가들은 일반적으로 대부분의 문제들에 대해 '개인적으로 중요한 이해관계'가 없기 때문에 대부분 '광범위한(포괄적인) 공익'에 의해 동기가 부여되고, 또 그렇게 행동하게 될 것이다. 이들의 상황은 위에서 살펴본 배심원들이나 판사들의 경우와 매우 유사하다. 물론 '공무에 대한 전문적 종사자들의 관심과 이익이 '이념적 편향성'(ideological bias)을 막아준다'고 주장하는 것은 너무 지나칠 것이다(위에서 설명했듯이 전문가들도 이념적 편향에 빠지기 때문이다). 그러나 대부분의 그러한 편향성은 우파 또는 좌파라는 '친숙한 이념'에서 비롯된다. 예를 들면, 어느 한 이념의 열렬한 추종자들은 주로 다른 이념의 지지자들에 의해 거센 반대에 직면하게 되며, 종합적인 전문가의 의견도 확실히 논의와 증거에 의해 영향을 받는다. 따라서 전문가들조차도 일반 시민들과 같이 '이념적 편향성'을 가지게 된다.

따라서 사회에는 가장 중요한 공공 문제들에 대해 '잘 알려고 하는'(정통하려는 유인을 가진) 많은 수의 사람들이 있다. 또한 사회적으로 비교적 공공심이 강하거나 비교적 '자신에게 무해한 포괄적 이익'에 대해서만 지지하는 사람들도 많이 있다. 경제학과 공공정책에 대한 '더 나은 아이디어'(better ideas)가 공공정책에 영향을 미칠 수 있고, 때로는 실제로 영향을 미치는 것은 대체로 그러한 개인들을 통해 이루어진다. 예를 들어, 일부 언론인들은 신문에 의미 있는 사설들을 쓴다. 이러한 사설들을 읽는 유권자 중 일부 사람들은 '소규모 기득이익'이나 분배연합들을 위해 자신의 표를 던질 수 있을 것이다. 그러나 일반적인 선거는 주로 특정 소규모 분배연합의 특별이익(special interest)을 위해 투표하는 것이 아니다. 따라서 대부분의 일반 유권자들은 비록 합리적으로 무지하지만 대부분 주로 '투철한 공공심'(public spiritedness)으로 투표한다. 또한 이들은 자신이 속한 계급을 지지하거나 편애하는 것과 같이 비교적 '무해한 포괄적인 목적의식'(encompassing purposes)을 가지고 투표에 임할 것이다. 따라서 엘리트들과 마찬가지로 일반 대중들도 대부분 '결백'(潔白)하다.

마지막으로, 정당은 어떤가? 위에서 살펴본 일반 대중들과 엘리트들과 마찬가지로 민주사회에서 정당들도 '포괄적 이익'(encompassing interest)을 가질 수 있다. 영국처럼 어떤 국가에 정치적으로 '양당제'(영국은 근대 역사적으로 거의 대부분의 시간 동안 양당제를 유지해 왔다)와 잘 통제된 '승리를 추구하는 정당들'(영국의 정당들도 일반적으로 그러했다)이 있는 한, '정당의 지도자들'도 개인들처럼 자신과 당에 유익한 정보를 얻고자 하는 유인과 '포괄적 이익(encompassing interest)을 추구'[41]하려 할 것이다. 최다 득표자를 당선시키는(first-past-the-post-wins) 선거제를 가진 어떤 국가(사회)에서 어느 한 정당의 지도자(대표)는 적어도 (선거에서 승리하려면) '그 사회의 다수(plurality)'를 대표하려는 유인을 가지며, 유권자들의 '다수'가 바로 자신의 '포괄적 이익'이다. 따라서 '포괄적 이익'을 추구하는 정당들은 비교적 '건설적인 유인들'을 가지려 할 뿐만 아니라 (적어도 자신이 국가를 통치하고 있을 때) 통치에 유익하고 효과적인 정보들을 모으려는 유인도 가질 것이다. 그 결과 그러한 정당들은 "여러분! 이제까지 이

41) **[역주]** 이를 '이기심'에 빗대어 '포괄적 이익추구심'(encompassing-interest seeking)이라 부를 수 있다.

렇게 좋은 적은 없었습니다"(you-never-had-it-so-good)라는 업적을 선전하면서 재선에 나설 것이다. 따라서 '포괄적 이익'을 추구하는 정당들의 지도자들(또는 아마 그들의 조언자들)은 바로 '더 나은 아이디어가 사회적 결과에 중대한 영향을 미칠 수 있는' 사람들이다.

12. '경화증 환경'에서 아이디어가 미치는 영향에 대한 증거

케인스의 『일반 이론』(1936년)은 출판된 지 약 25년도 지나지 않아 영국, 미국 그리고 비교적 경화된(sclerotic) 몇몇 다른 국가들에 커다란 영향을 미쳤음은 의심할 여지가 없다. 예를 들면, 미국 케네디 대통령(미국의 제35대 대통령(재임 1961~1963년))의 감세(減稅)정책은 의심할 여지없이 주로 '케인스 아이디어'의 결과였다. 이와 같이 주요 아이디어가 어떤 민주적 사회에서 중요한 결과를 바꾼다면 그것은 정치적 스펙트럼(political spectrum)의 양쪽에서 '존중할만한 의견'을 바꿈으로써 가능하다. 따라서 리처드 닉슨(Richard Nixon, 미국 공화당 출신의 제37대 대통령(재임 1969~1974년))이 대통령이었을 때 "우리는 이제 모두 케인스주의자들(Keynesians)이다"라고 말했다. 그러나 지난 수십 년 동안 '비(非)케인스주의적 사고'(non-Keynesian thinking)가 부분적으로 케인스주의 거시경제학을 대체하였다. 당시에 비(非)케인스주의적 사고는 일반적으로 '반(反)케인스주의'(anti-Keynesian)라고 불렸다. 그러나 비(非)케인스주의적(또는 반(反)케인스주의적) 사고의 대부분은 지난 반세기 동안 경제학의 기술적 진보에 의해 너무도 큰 영향을 받았기 때문에 '반(反)케인스주의'보다는 '포스트 케인스주의'(post-Keynesian) 거시경제학으로 묘사되는 것이 더 나을 것이다. 이러한 '새로운' 거시경제 이론은 때때로 정부 정책에 큰 영향을 미쳤다. 그러나 아이디어의 발전과 그것이 정책에 미치는 영향 사이에 상당한 간격(아마도 좁힐 수 있었지만)이 있었다. 포스트 케인스주의가 정책에 미친 영향은 정치적 스펙트럼 전반에 걸쳐 나타났다. 이에 민주당 대통령은 "이제 우리는 모두 1960년대 케인스주의를 넘어섰다"라고 말할지도 모른다.

우리는 이러한 거시경제 이론들(즉, 아이디어)이 공공정책에 영향을 미친 메커니즘이 이 책에서 내 주장이 예측한 메커니즘과 매우 유사하다는 것을 분명히 알 수 있다. 이들과 동일한 메커니즘이 작동하는 몇몇 다른(그러나 잘 알려지지 않은) 사례들을 인용할 수도 있다. 그러나 안타깝게도 아이디어가 승리한 경우보다 '조직화(집단화)된 이익'이 궁극적으로 이기는 사례들을 인용하는 것이 훨씬 더 쉬울 것이다.

마지막으로, 다음 두 가지 경우를 살펴본다면 매우 흥미로울 것이다. 즉, (1) 분배연합들과 같은 '소규모 조직화된 이익집단들'의 '반대 세력들'이 미래에 어떻게 행동(반응)할지와, (2) 포괄적 이익이나 공익(公益) 추구를 위해 수립된 공공정책 아이디어가 과연 미래에 어떻게 될지(즉, 어떤 효과를 가져다줄지)를 살펴보는 것은 흥미로울 것이다. 어느 요인이 더 중요한가? 아마 후자가 더 중요할 것이다. 만약 어떤 국가에서 후자가 조만간 전자보다 더 중요해지지 않는다면 그 국가의 미래는 매우 암울해질 것이다. 환언하면, 후자가 가까운 장래에 전자보다 더 중요해지면 그 국가의 미래는 희망적일 것이다.

만약 경화 과정을 잘 점검하지 않는다면 어떤 국가가 가장 빨리 경화증에 걸리거나 가장 빨리 굴복하게 되는가? 20세기의 종합적 증거가 이를 알려주는 어떤 지침이 된다면 영국은 이러한 슬픈 미래의 파도에 의해 '대재앙의 폭풍' 속으로 들어가게 될 첫 번째 국가가 될 수 있을 것이다. 우파 또는 좌파라는 '친숙한 이념'은 다른 국가들에서와 마찬가지로 영국에서도 커다란 영향을 미쳐왔으며 현재에도 그럴 것이다. 이러한 사실은 아마 영국에게 나쁜 징조가 될 것이다.

그러나 좋은 소식도 있다. 영국이 (1) 그동안 경제사상과 정치사상에서 많은 업적을 이루었고, (2) 포괄적 이익을 추구하는 정당들(encompassing-interest political parties)이 있으며, (3) 오랜 기간 동안 평화를 누려온 덕분에 분배연합들을 관찰(점검)하는데 다른 국가들보다 더 오랜 시간을 가져왔다는 점 등을 고려할 때, 영국은 또한 이 문제를 *쉽게* 해결할 수 있는 *첫 번째* 국가가 될 수도 있을 것이다. 그런 다음 (내가 믿기로) 기술 발전의 물결은 부(富)와 사회적 성과 면에서 영국을 다른 국가들보다 더 앞서게 해 줄 것이다. 그러므로 앞으로 무슨 일이 일어날지 알 수 없지만, 영국은 확실히 지켜보아야 할 중요한 국가가 될 것이다.

참고문헌

Brittan, Samuel, "How British is the British Sickness?," *Journal of Law and Economics*, Vol. 21, October 1978.

Choi, Kwang, *Theories of Comparative Economic Growth*, Ames: Iowa State University Press, 1983.

Downs, A., *An Economic Theory of Democracy*, New York: Harper, 1957.

Economic and Scientific Research Foundation, *Trends in Income Distribution: A Comparative Study*, New Delhi, [역주] 연도 미상.

Kuznets, Simon, *Modern Economic Growth: Rate, Structure, and Spread*, New Haven, Conn.: Yale University Press, 1966.

Murrell, Peter, "The Comparative Structure of the Growth of the West Germany and British Manufacturing Industries", in Dennis C. Mueller (ed.), *The Political Economy of Growth*, New Haven, Conn.: Yale University Press, 1983.

Olson, Mancur, *The Logic of Collective Action*, Cambridge, Mass.: Harvard University Press, 1971.

_____, *The Rise and Decline of Nations*, New Haven, Conn.: Yale University Press, 1982.

_____, "A Theory of the Incentives Facing Political Organizations: Neo-Corporatism and the Hegemonic State," *International Political Science Review*, Vol. 7, No. 2, April 1986.

Sawyer, Malcolm, "Income Distribution in the OECD Countries," *OECD Occasional Studies*, July 1976.

Smith, David, "Public Consumption and Economic Performance," *National Westminster Bank Review*, Vol. 11, 1975.

Weede, Erich, "The Effects of Democracy and Socialist Strength on the Size and Distribution of Income," *International Journal of Comparative Sociology*, Vol. 23, No. 3-4, 1982.

_____, "Democracy, Creeping Socialism, and Ideological Socialism in Rent-Seeking Societies," *Public Choice*, Vol. 44, No. 2, 1984.

찾아보기

[ㅌ]

[ㅍ]

[ㅎ]